Der Weg zum GLÜCKLICHSEIN

EIN LEITFADEN ZU BESSEREM LEBEN, DER AUF GESUNDEM MENSCHENVERSTAND BERUHT

Für: _____

Von: _____

Der Weg zum GLÜCKLICHSEIN

THE WAY TO HAPPINESS FOUNDATION

Veröffentlicht von The Way to Happiness Foundation International
ISBN 978-1-59970-057-1
© 1981, 2006, 2007 L. Ron Hubbard Library. Alle Rechte vorbehalten.
Illustrationen © 2006 L. Ron Hubbard Library. Alle Rechte vorbehalten.

Unautorisiertes teilweises oder vollständiges Kopieren, Übersetzen, Vervielfältigen,
Importieren oder Vertreiben mit welchen Mitteln auch immer, einschließlich elektronischem Kopieren,
Speichern oder Übertragen, verstößt gegen einschlägige Gesetze.

Dies ist vielleicht der erste überkonfessionelle Moralkodex, der ganz auf gesundem Menschenverstand beruht.
Er wurde von L. Ron Hubbard als eigenständige Publikation geschrieben und ist nicht Teil irgendeiner
religiösen Doktrin. Der Nachdruck oder die individuelle Verbreitung des Büchleins impliziert keine Verbindung
zu noch die Förderung irgendeiner religiösen Vereinigung. Daher ist die Verteilung des Büchleins
durch Regierungsbehörden und deren Bedienstete zulässig, da es nach seinem Inhalt
religiös-weltanschaulich neutral ist und auf die Förderung des Gemeinwohls abzielt.

Nachdruck kann über The Way to Happiness Foundation International arrangiert werden.

The Way to Happiness (Der Weg Zum Glücklichsein) und das „Weg und Sonne"-Design
sind Marken im Besitz der L. Ron Hubbard Library in den USA und in anderen Ländern (Marken-Registrierung
herausgegeben und andere Registrierungen noch ausstehend) und werden mit deren Genehmigung benutzt.

Gedruckt in Dänemark

GERMAN – THE WAY TO HAPPINESS

INHALTSVERZEICHNIS

WIE MAN DIESES BUCH VERWENDET		1
WARUM ICH IHNEN DIESES BUCH GEGEBEN HABE		5
GLÜCKLICHSEIN		7
1 ACHTEN SIE AUF SICH		13
1-1	Lassen Sie sich behandeln, wenn Sie krank sind	13
1-2	Halten Sie Ihren Körper sauber	13
1-3	Halten Sie Ihre Zähne instand	14
1-4	Ernähren Sie sich vernünftig	14
1-5	Schlafen Sie genug	16
2 SEIEN SIE MASSVOLL		19
2-1	Nehmen Sie keine schädlichen Drogen	19
2-2	Genießen Sie Alkohol nicht im Übermaß	20
3 TREIBEN SIE KEINE PROMISKUITÄT		23
3-1	Seien Sie Ihrem Sexualpartner treu	24
4 GEBEN SIE KINDERN LIEBE UND HILFE		29
5 EHREN SIE IHRE ELTERN UND HELFEN SIE IHNEN		39

6	GEBEN SIE EIN GUTES BEISPIEL	43
7	SEIEN SIE BESTREBT, SICH IM LEBEN AN DIE WAHRHEIT ZU HALTEN	47
7-1	Erzählen Sie keine schädlichen Lügen	50
7-2	Legen Sie kein falsches Zeugnis ab	50
8	MORDEN SIE NICHT	53
9	TUN SIE NICHTS ILLEGALES	57
10	UNTERSTÜTZEN SIE EINE REGIERUNG, DIE FÜR ALLE GEDACHT IST UND IM INTERESSE ALLER HANDELT	63
11	SCHADEN SIE NIEMANDEM, DER GUTE ABSICHTEN HAT	69
12	SCHÜTZEN UND VERBESSERN SIE IHRE UMWELT	75
12-1	Weisen Sie ein gepflegtes Äußeres auf	75
12-2	Achten Sie auf Ihren eigenen Bereich	78
12-3	Helfen Sie, für die Erde zu sorgen	82
13	STEHLEN SIE NICHT	91

14 SEIEN SIE VERTRAUENSWÜRDIG	97
14-1 *Halten Sie Ihr einmal gegebenes Wort*	99
15 KOMMEN SIE IHREN VERPFLICHTUNGEN NACH	103
16 SEIEN SIE FLEISSIG	111
17 SEIEN SIE KOMPETENT	117
17-1 *Schauen Sie*	120
17-2 *Lernen Sie*	124
17-3 *Üben Sie*	140
18 RESPEKTIEREN SIE DIE RELIGIÖSEN ÜBERZEUGUNGEN ANDERER	151
19 VERSUCHEN SIE, ANDEREN NICHT ETWAS ANZUTUN, WAS SIE NICHT SELBST ERFAHREN MÖCHTEN	159
20 VERSUCHEN SIE, ANDERE SO ZU BEHANDELN, WIE SIE VON IHNEN BEHANDELT WERDEN MÖCHTEN	165
21 SEIEN SIE AKTIV UND ERFOLGREICH	195
NACHWORT	203
HERAUSGEBER-GLOSSAR VON WÖRTERN, FACHAUSDRÜCKEN UND WENDUNGEN	209

WIE MAN DIESES BUCH VERWENDET

*N*atürlich
möchten Sie Ihren Freunden und den Leuten,
mit denen Sie zu tun haben, helfen.

Wählen Sie jemanden aus, dessen Handlungen
einen – sei es auch nur entfernten – Einfluss
auf Ihr eigenes Überleben haben könnten.

Tragen Sie seinen Namen
in der oberen Zeile
auf der Titelseite dieses Buches ein.

Schreiben oder stempeln Sie
Ihren eigenen Namen auf die zweite Zeile.

Schenken Sie dem Betreffenden das Buch.

Bitten Sie ihn, es zu lesen.[0]

Sie werden feststellen,
dass er ebenfalls durch mögliches
Fehlverhalten anderer bedroht ist.

0. Wörter haben manchmal mehrere verschiedene Bedeutungen. In den Fußnoten dieses Buches finden Sie jeweils nur die Bedeutung, die das Wort im Textzusammenhang hat. Sollten Sie in diesem Buch irgendwelchen Wörtern begegnen, die Ihnen nicht bekannt sind, so schlagen Sie diese in einem guten Wörterbuch nach. Andernfalls können Missverständnisse und möglicherweise Unstimmigkeiten entstehen.

Geben Sie ihm mehrere
weitere Exemplare dieses Buches,
ohne jedoch Ihren Namen darauf zu schreiben:
Lassen Sie den anderen seinen Namen eintragen.
Lassen Sie ihn diese Exemplare anderen schenken,
die mit seinem Leben verbunden sind.

Wenn Sie das fortgesetzt tun,
steigern Sie Ihr eigenes Überlebenspotenzial
und das der anderen enorm.

Dies ist ein Weg zu einem viel sichereren und
glücklicheren Leben für Sie und andere.

WARUM ICH IHNEN DIESES BUCH GEGEBEN HABE

*I*hr

Überleben[1]

ist

mir

wichtig.

---

1. *Überleben:* die Aktion, am Leben zu bleiben, weiterhin zu existieren, am Leben zu sein.

GLÜCKLICHSEIN[2]

*W*ahre Freude
und wahres Glücklichsein
sind wertvoll.

Wer nicht überlebt,
kann weder Freude haben
noch glücklich sein.

Der Versuch, in einer chaotischen,[3]
unehrlichen und allgemein unmoralischen[4] Gesellschaft
zu überleben, ist mit Schwierigkeiten verbunden.

Jeder Einzelne und jede Gruppe
streben danach, im Leben
möglichst viel Freude
und möglichst wenig Schmerz
zu erfahren.

---

2. *Glücklichsein:* ein Zustand des Wohlbefindens, Vergnügens, der Zufriedenheit; freudige, frohe, ungestörte Existenz; die Reaktion darauf, dass einem Schönes widerfährt.
3. *chaotisch:* das Wesen oder die Eigenart völliger Unordnung oder Verwirrung aufweisend.
4. *unmoralisch:* nicht moralisch; nicht im Einklang mit gutem Verhalten; nicht das Rechte tuend; ohne jede Vorstellung von richtigem Verhalten.

Ihr eigenes Überleben kann durch
die schlechten Handlungen anderer in
Ihrer Umgebung bedroht werden.

Ihr eigenes Glück kann durch Unehrlichkeit
und Fehlverhalten anderer in
Unglück und Kummer verkehrt werden.

Gewiss fallen Ihnen Beispiele ein,
als dies tatsächlich geschah.
Solche schlechten Handlungen
beeinträchtigen das eigene
Überleben und mindern Ihr Glück.

Sie sind wichtig
für andere Menschen.
Man hört auf Sie. Sie können
Einfluss auf andere ausüben.

Das Glück oder Unglück
weiterer Menschen,
die Sie nennen könnten,
ist wichtig für Sie.

Ihnen können Sie mit diesem Buch
ohne allzu große Mühe helfen,
zu überleben und ein glücklicheres
Leben zu führen.

Zwar kann niemand
für das Glück anderer Menschen
garantieren, aber ihre Chancen,
zu überleben und glücklich zu sein,
lassen sich verbessern. Und damit
werden sich gleichzeitig
auch Ihre eigenen Chancen
verbessern.

*Es liegt in Ihrer Hand, den Weg
zu einem weniger gefährlichen
und glücklicheren Leben
zu weisen.*

GLÜCKLICHSEIN

1.

ACHTEN SIE AUF SICH.

1-1.
Lassen Sie sich behandeln, wenn Sie krank sind.

Menschen, die krank sind oder gar an ansteckenden
Krankheiten leiden, halten sich häufig nicht von
anderen fern oder lassen sich nicht richtig behandeln.
Damit entsteht für Sie ein deutliches Risiko.
Bestehen Sie darauf, dass ein Kranker
die notwendigen Vorsichtsmaßnahmen trifft
und sich richtig behandeln lässt.

1-2.
Halten Sie Ihren Körper sauber.

Wer nicht regelmäßig badet, duscht oder sich
die Hände wäscht, kann Bazillenträger sein.
Das bedeutet eine Gefährdung für Sie.
Sie haben durchaus das Recht, darauf zu dringen,
dass die Leute regelmäßig baden, duschen und sich die
Hände waschen. Wer arbeitet oder Sport treibt,
wird dabei schmutzig; das ist unvermeidlich.
Sorgen Sie dafür, dass die Betreffenden
sich hinterher waschen.

1-3.
Halten Sie Ihre Zähne instand.

Es heißt, dass man Zahnverfall vermeidet,
wenn man sich nach jeder Mahlzeit die Zähne putzt.
Auf diese Weise oder mit einem Kaugummi
nach jeder Mahlzeit kann man andere
vor Mundkrankheiten
und Mundgeruch schützen.
Regen Sie andere an,
ihre Zähne instand zu halten.

1-4.
Ernähren Sie sich vernünftig.

Menschen, die sich nicht vernünftig ernähren,
nützen weder Ihnen noch sich selbst viel.
Sie haben oft wenig Energie.
Sie sind manchmal schlecht gelaunt.
Sie werden leichter krank.
Man braucht keine
ausgefallenen Diäten einzuhalten,
um sich vernünftig zu ernähren,
aber man muss regelmäßig
nahrhafte Mahlzeiten zu sich nehmen.

1-5.
Schlafen Sie genug.

Es gibt zwar oft Zeiten im Leben,
in denen man über die normale Schlafenszeit
hinaus arbeiten muss, doch, wenn jemand
allgemein nicht genügend schläft,
kann er anderen zur Last werden.
Müde Menschen sind nicht wachsam.
Sie können Fehler machen. Sie haben Unfälle.
Gerade, wenn Sie sie am nötigsten brauchen,
kann es sein, dass sie die ganze Arbeitslast
auf Sie abladen. Sie gefährden andere.
Dringen Sie darauf, dass jemand,
der nicht genügend schläft, dies ändert.

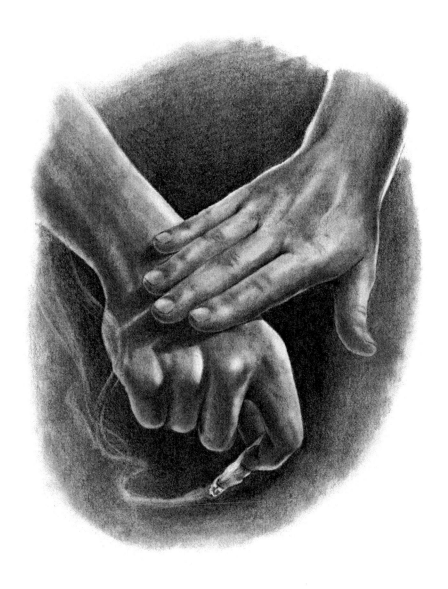

2.

SEIEN SIE MASSVOLL.[5]

2-1.
Nehmen Sie keine schädlichen Drogen.

Leute, die Drogen nehmen,
sehen die Welt vor sich nicht immer so,
wie sie wirklich ist. Sie sind nicht wirklich *da*.
Auf der Autobahn, bei flüchtiger Begegnung oder
zu Hause können Ihnen solche Menschen sehr
gefährlich werden. Die Leute meinen fälschlicherweise,
dass sie „sich besser fühlen", „besser handeln" oder
„nur glücklich" sind, wenn sie Drogen genommen haben.
Das ist nur eine weitere Täuschung.
Früher oder später werden
die Drogen ihren Körper zerstören.
Raten Sie Leuten davon ab,
Drogen zu nehmen.
Wenn sie drogensüchtig sind,
machen Sie ihnen Mut,
damit sie sich helfen lassen,
davon loszukommen.

---

5. *maßvoll:* nicht in Extreme verfallend; etwas nicht übertreibend; das eigene Verlangen kontrollierend.

2-2.
Genießen Sie Alkohol nicht im Übermaß.

Leute, die Alkohol trinken,
sind nicht wachsam.
Ihre Reaktionsfähigkeit wird beeinträchtigt,
selbst wenn es dem Betreffenden so vorkommt,
als sei er durch den Alkohol wachsamer.
Alkohol hat einen gewissen medizinischen Wert.
Dieser kann jedoch enorm überschätzt werden.
Benutzen Sie kein Auto oder Flugzeug,
dessen Fahrer bzw. Pilot unter Alkoholeinfluss steht.
Trinken kann auf verschiedene Weise Leben fordern.
Ein wenig Alkohol kann große Wirkungen haben;
verhüten Sie, dass ein Übermaß davon
zu Unglück oder Tod führt.
Halten Sie Leute von
übermäßigem
Trinken ab.[6]

Wer die obigen Punkte beherzigt,
ist körperlich besser in der Lage,
das Leben zu genießen.

6. *abhalten:* verhindern oder abraten.

GLÜCKLICHSEIN

3.

TREIBEN SIE KEINE PROMISKUITÄT.[7]

Sexualität ist
das Mittel, das der Mensch benutzt,
um durch Kinder und Familie
sein Fortbestehen zu sichern.
Durch das Geschlechtsleben
können viel Freude
und großes Glück entstehen:
Die Natur hat dies so beabsichtigt,
um die Menschheit zu erhalten.
Missbrauch oder Fehlverhalten
bringen jedoch schwerwiegende
Folgen und Strafen mit sich:
Auch dies hat die Natur
anscheinend so beabsichtigt.

---

7. *Promiskuität:* flüchtige, wahllose sexuelle Beziehungen.

3-1.
Seien Sie Ihrem Sexualpartner treu.

Die Untreue eines Sexualpartners
kann das Überleben schwer beeinträchtigen.
Die Geschichte und die Zeitungen sind
voll von Beispielen für die Heftigkeit
menschlicher Leidenschaften,
die durch Untreue geweckt werden.
„Schuldgefühle" sind das geringere Übel.
Eifersucht und Rache sind größere Ungeheuer:
Man weiß nie, wann sie erwachen.
Es ist schön und gut, davon zu reden,
dass man „zivilisiert", „unverklemmt"
und „verständnisvoll" ist, aber
mit Worten lässt sich ein zerstörtes Leben
nicht wieder in Ordnung bringen.
„Schuldgefühle" sind nicht entfernt so schneidend
wie ein Messer im Rücken
oder zermahlenes Glas in der Suppe.

Außerdem stellt sich die Frage der Gesundheit.
Wenn Sie nicht auf die Treue Ihres Sexualpartners
dringen, setzen Sie sich selbst Krankheiten aus.
Eine kurze Zeit lang schien es, als habe man die
Geschlechtskrankheiten alle in den Griff bekommen.
Gegenwärtig ist das nicht der Fall, und es ist
auch fraglich, ob es jemals so war. Es gibt heute
unheilbare Arten solcher Krankheiten.

Die Probleme geschlechtlichen Fehlverhaltens sind nicht neu. Die mächtige Religion des Buddhismus verschwand im 7. Jahrhundert aus Indien. Der Grund dafür war, wie die eigenen Geschichtsschreiber berichten, Promiskuität in den buddhistischen Klöstern. In unserer Zeit können wir beobachten, dass kommerzielle oder sonstige Organisationen scheitern, wenn Promiskuität in ihnen überhandnimmt. Untreue zerstört Familien – mögen sie darüber auch noch so zivilisiert reden.

Das Verlangen eines Augenblicks kann zum Leid eines ganzen Lebens werden. Machen Sie dies denjenigen klar, die Ihnen nahestehen, und schützen Sie Ihre eigene Gesundheit und Ihr Wohlbefinden.

Sexualität ist ein großer Schritt auf dem Weg zum Glücklichsein und zur Freude. Sie ist nichts Unrechtes, wenn Treue und Anstand damit einhergehen.

4.

GEBEN SIE KINDERN LIEBE UND HILFE.

Die Kinder von heute
werden die Zivilisation von morgen sein.
Wenn man heute ein Kind in die Welt setzt,
ist das so ähnlich,
als setze man es in einen Tigerkäfig.
Kinder können mit ihrer Umwelt[8]
nicht fertig werden und haben nichts,
worauf sie wirklich zurückgreifen können.
Sie brauchen Liebe und Hilfe,
um es zu schaffen.

---

8. *Umwelt:* die eigene Umgebung; die materiellen Dinge um einen herum; der Bereich, in dem man lebt; alles Lebende, Gegenstände, Räume und Kräfte, mit denen man lebt, ob sie sich nun in der Nähe oder weit weg befinden.

Hier stoßen wir auf ein heikles Problem.
Über die Frage, wie man Kinder erziehen oder nicht erziehen sollte, gibt es fast so viele Theorien, wie es Eltern gibt. Doch kann, wenn Fehler gemacht werden, daraus viel Kummer entstehen, und es kann sogar die späteren Jahre des eigenen Lebens erschweren. Manche sind bestrebt, Kinder so zu erziehen, wie sie selbst erzogen wurden; andere versuchen es mit dem genauen Gegenteil; viele sind der Ansicht, man solle Kinder einfach sich selbst überlassen. Keine dieser Methoden ist eine Erfolgsgarantie. Die letztgenannte stützt sich auf die materialistische[9] Vorstellung, dass die Entwicklung des Kindes parallel zur Entwicklungsgeschichte[10] des Menschen verlaufe; dass die „Nerven" des Kindes mit zunehmendem Alter auf unerklärliche, magische Weise „reifen", sodass schließlich ein moralischer[11] Erwachsener mit gutem Verhalten entstehe. Obwohl sich diese Theorie mit Leichtigkeit widerlegen lässt – durch einfache Beobachtung der großen Zahl von Kriminellen in der Bevölkerung, deren Nerven irgendwie nicht gereift sind –, ist es doch eine bequeme Methode der Kindererziehung und erfreut sich einer gewissen Beliebtheit.

---

9. *materialistisch:* die Meinung, dass es nur physikalische Materie gibt.
10. *Entwicklungsgeschichte:* eine sehr alte Theorie, dass sich alle Pflanzen und Tiere aus einfacheren Formen entwickelten und eher durch ihre Umgebung geformt als geplant oder erschaffen wurden.
11. *moralisch:* fähig, richtiges und falsches Verhalten voneinander zu unterscheiden; auf der Grundlage dieses Verstehens entscheidend und handelnd.

Damit ist aber weder für die Zukunft Ihrer Zivilisation
noch für Ihre späteren Jahre gesorgt.

Ein Kind gleicht einem unbeschriebenen Blatt.
Schreibt man etwas Falsches darauf,
so wird es etwas Falsches sagen.
Aber im Gegensatz zu einem Blatt
kann das Kind selbst zu schreiben anfangen:
Es hat die Neigung, bereits Geschriebenes zu schreiben.
Das Problem wird dadurch komplizierter,
dass zwar die meisten Kinder zu
großem Anstand fähig sind,
einige wenige jedoch geisteskrank
zur Welt kommen und gegenwärtig
einige sogar als Drogensüchtige:
Solche Fälle sind jedoch
ungewöhnlich und selten.

Der Versuch, das Kind mit überwältigenden
Mengen von Spielzeug und Besitzgegenständen
zu „kaufen" oder es mit zu viel Liebe zu ersticken
und zu beschützen, führt zu nichts Gutem:
Das Ergebnis kann recht verheerend sein.

Man muss sich entscheiden,
was man aus einem Kind zu machen versucht:
Dabei spielen mehrere Faktoren mit:
a) was aus dem Kind aufgrund seiner angeborenen
Gaben und Möglichkeiten werden *kann;*
b) was das Kind selbst wirklich werden möchte;
c) was das Kind nach den Vorstellungen
der Eltern werden soll;
d) die zur Verfügung stehenden Mittel.
Wie auch immer die Summe
all dieser Faktoren aussehen mag,
denken Sie daran, dass das Kind
nicht gut überleben wird,
wenn es nicht schließlich
Selbstvertrauen erwirbt
und *sehr* moralisch wird.
Sonst wird es wahrscheinlich
zu einem Risiko und einer Belastung
für sich selbst und alle anderen.

Wie groß Ihre Zuneigung zu dem Kind auch sein mag,
denken Sie daran, dass das Kind auf die Dauer
nicht gut überleben kann, wenn es nicht
auf den Weg zum Überleben
gebracht wird. Es wird nicht rein zufällig
in die Irre gehen: Die moderne Gesellschaft
ist darauf angelegt, ein Kind scheitern zu lassen.

Eine große Hilfe wird es sein, wenn Sie das Verstehen
eines Kindes für die in diesem Buch enthaltenen
Regeln[12] wecken und sein Einverständnis
erreichen können, sie zu befolgen.

Am besten werden Sie fahren, wenn Sie einfach
versuchen, der Freund des Kindes zu sein.
Ein Kind braucht sicherlich Freunde.
Versuchen Sie herauszubekommen,
wo das Problem des Kindes wirklich liegt,
und helfen Sie ihm, Lösungen zu finden,
ohne die eigenen Lösungen des Kindes zu unterdrücken.
Beobachten Sie das Kind – und dies gilt sogar
für Babys. Hören Sie darauf, was Kinder Ihnen über
ihr Leben erzählen. Lassen Sie *sie* helfen – andernfalls
werden sie von einem Gefühl der Verpflichtung[13]
überwältigt, das sie dann unterdrücken müssen.

12. *Regeln:* Richtlinien oder Aussagen, die ein Prinzip oder Prinzipien oder eine Handlungsrichtung für das Verhalten anraten bzw. festlegen; Anleitungen, die als Richtlinie bzw. Richtlinien für das Verhalten gedacht sind.
13. *Verpflichtung:* der Zustand oder die Tatsache, dass man einem anderen als Gegenleistung für erhaltene Dinge, Gefälligkeiten oder Dienste etwas schuldet.

Es wird dem Kind enorm helfen, wenn Sie erreichen,
dass es diesen Weg zum Glücklichsein versteht,
sein Einverständnis dazu gibt und ihm folgt.
Das könnte ungeheure Auswirkungen
auf das Überleben des Kindes – und Ihr
eigenes Überleben – haben.

Ohne Liebe kann ein Kind
wirklich nicht gut gedeihen.
Die meisten Kinder haben ein
Übermaß an Liebe zurückzugeben.

*Der Weg zum Glücklichsein führt über
Liebe und Hilfe für Kinder,
und zwar vom Säuglingsalter bis an
die Schwelle des Erwachsenseins.*

5.

EHREN[14] SIE IHRE ELTERN UND HELFEN SIE IHNEN.

Vom Standpunkt eines Kindes aus
sind Eltern manchmal
schwer zu verstehen.

Es gibt Generationsunterschiede.
Aber das ist kein wirkliches Hindernis.
Wenn man schwach ist, ist man versucht,
sich in Ausflüchte und Lügen zu retten:
Dadurch wird die Wand aufgebaut.

---

14. *ehren:* Respekt zeigen; mit Achtung und Höflichkeit behandeln.

Kinder *können* ihre
Meinungsverschiedenheiten
mit ihren Eltern schlichten.
Ehe man zu schreien anfängt,
kann man wenigstens versuchen,
in Ruhe darüber zu reden.
Wenn das Kind offen und ehrlich ist,
wird man bestimmt Gehör finden.
Oft ist es möglich,
einen Kompromiss[15] zu schließen,
bei dem beide Seiten dann verstehen
und zustimmen können.
Es ist nicht immer leicht,
mit anderen auszukommen,
man sollte es aber wenigstens versuchen.

Es ist eine unübersehbare Tatsache,
dass Eltern fast immer aus einem sehr starken
Wunsch heraus handeln, das zu tun,
was sie als das Beste für ihr Kind ansehen.

---

15. *Kompromiss:* eine Beilegung von Meinungsverschiedenheiten, bei der jede Seite in irgendeinem Punkt nachgibt, während andere aufrechterhalten werden und dadurch ein gegenseitiges Einverständnis erreicht wird.

Kinder sind ihren Eltern dafür
zu Dank verpflichtet, dass sie sie großgezogen
haben – falls die Eltern es getan haben.
Manche Eltern sind zwar so sehr
auf ihre Unabhängigkeit bedacht,
dass sie dafür nichts zurückhaben möchten,
dennoch kommt häufig eine Zeit,
in der die jüngere Generation an der Reihe ist,
für ihre Eltern zu sorgen.

Trotz allem darf man nicht vergessen,
dass sie die einzigen Eltern sind, die man hat.
Und als solche sollte man sie,
ganz gleich, was geschieht,
ehren und ihnen helfen.

Der Weg zum Glücklichsein umfasst
gutes Einvernehmen mit den Eltern oder denen,
die uns großgezogen haben.

6.

GEBEN SIE EIN GUTES BEISPIEL.[16]

*E*s gibt viele
Menschen, die man beeinflusst.[17]
Dieser Einfluss[18] kann gut oder schlecht sein.

Wer die hier angegebenen Empfehlungen
bei seiner Lebensführung einhält,
gibt ein gutes Beispiel.

Es kann nicht ausbleiben,
dass seine Mitmenschen davon
beeinflusst werden, ganz gleich, was sie reden.

---

16. *Beispiel:* jemand oder etwas, die es wert sind, nachgeahmt oder imitiert zu werden; ein Muster, ein Modell.
17. *beeinflussen:* einen Einfluss auf etwas haben.
18. *Einfluss:* die sich ergebende Wirkung.

Jeder, der versucht, Sie davon abzubringen,
versucht dies nur, weil er Ihnen schaden will
oder seine eigenen Ziele verfolgt.
Tief in seinem Inneren wird er
Respekt vor Ihnen haben.

Ihre eigenen Überlebenschancen
werden sich langfristig gesehen verbessern,
weil die Bedrohung durch andere
unter diesem Einfluss abnimmt.
Es gibt auch noch
andere Vorteile.

Unterschätzen Sie die Wirkung nicht,
die Sie auf andere allein dadurch ausüben können,
dass Sie diese Dinge erwähnen und
selbst ein gutes Beispiel geben.

*Der Weg zum Glücklichsein erfordert,
dass man anderen ein gutes Beispiel gibt.*

7.

SEIEN SIE BESTREBT, SICH IM LEBEN AN DIE WAHRHEIT[19] ZU HALTEN.

*F*alsche Informationen
können zu dummen Fehlern Anlass geben.
Sie können sogar das Aufnehmen wahrer
Informationen blockieren.

Die Probleme des Lebens lassen sich nur
mit wahren Informationen lösen.

Wenn die Menschen in
Ihrer Umgebung Sie anlügen,
machen Sie leicht Fehler
und Ihr Überlebenspotenzial
verringert sich.

---

19. *Wahrheit:* das, was mit den Tatsachen und Beobachtungen übereinstimmt; logische Antworten, die sich daraus ergeben, dass man sich alle Tatsachen und Informationen ansieht; eine Schlussfolgerung, die auf Beweisen beruht, unbeeinflusst durch Verlangen, Autorität oder Vorurteil; eine unumgängliche (unvermeidliche) Tatsache, ganz gleich, wie man an sie gelangt ist.

Falsche Informationen können
verschiedene Quellen haben:
Schule, Universität, Gesellschaft, Beruf.

Viele Menschen wollen Ihnen
etwas glaubhaft machen,
nur um damit ihre
eigenen Ziele zu erreichen.

Wahr ist das, was für *Sie* wahr ist.

Niemand hat das Recht,
Ihnen Informationen aufzuzwingen
und Ihnen unter Drohung zu befehlen,
sie zu glauben. Wenn es für Sie
nicht wahr ist, ist es nicht wahr.

Durchdenken Sie alles selbst,
übernehmen Sie das, was für Sie wahr ist,
und werfen Sie den Rest über Bord.
Niemand ist unglücklicher als jemand,
der in einem Chaos von Lügen zu leben versucht.

7-1.
Erzählen Sie keine schädlichen Lügen.[20]

Schädliche Lügen entspringen Furcht, Bosheit
und Neid. Sie können Menschen
zu Verzweiflungstaten treiben.
Sie können jemandes Leben zerstören.
Sie schaffen eine Art Falle, in die sowohl
der Lügner als auch sein Opfer hineinfallen können.
Daraus kann ein Chaos in den zwischenmenschlichen
und sozialen Beziehungen entstehen.
Viele Kriege wurden durch
schädliche Lügen ausgelöst.

Man sollte lernen, sie aufzudecken
und zurückzuweisen.

7-2.
Legen Sie kein falsches Zeugnis ab.

Auf das Beschwören oder Bezeugen
unwahrer „Tatsachen" stehen hohe Strafen;
es wird „Meineid" genannt: Es wird schwer bestraft.

*Der Weg zum Glücklichsein verläuft entlang
der Straße zur Wahrheit.*

---

20. *Lügen:* falsche Aussagen oder Teile von Informationen, die vorsätzlich als wahr dargestellt werden; eine Falschheit; alles, was dazu bestimmt ist, zu täuschen oder einen falschen Eindruck zu vermitteln.

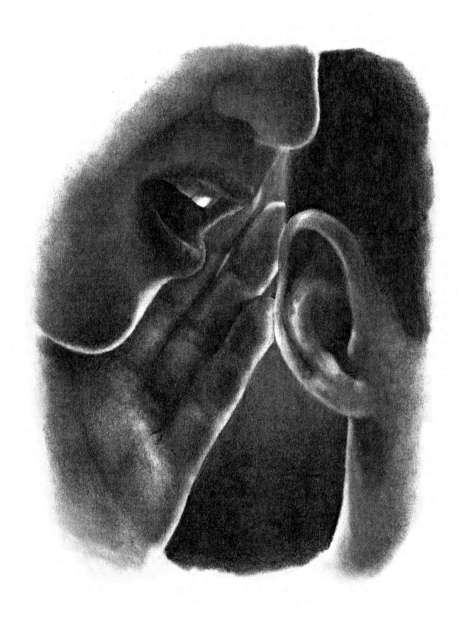

8.

MORDEN[21] SIE NICHT.

Die meisten Völker haben, von frühester Zeit an bis zur Gegenwart, Mord verboten und schwer bestraft. Manchmal wurde dies zu der Aussage „Du sollst nicht töten" erweitert, während sich bei einer späteren Übersetzung desselben Werkes zeigte, dass es „Du sollst nicht morden" hieß.

Zwischen den beiden Begriffen „töten" und „morden" besteht ein beträchtlicher Unterschied. Ein Verbot allen Tötens würde Selbstverteidigung ausschließen; es wäre dann wahrscheinlich rechtswidrig, eine Giftschlange zu töten, die sich anschickt, das Baby zu beißen; dadurch würde ein Volk auf eine Gemüsediät gesetzt. Sie finden gewiss viele Beispiele für die Schwierigkeiten, die sich aus einem Verbot allen Tötens ergeben.

---

21. *morden:* das illegale Töten eines menschlichen Wesens (oder mehrerer) durch einen anderen, vor allem mit bösem Vorsatz (der Absicht vor der Tat).

„Mord" ist etwas gänzlich anderes.
Der Definition nach bedeutet er
„das gesetzwidrige Töten eines oder mehrerer
menschlicher Wesen, besonders, wenn es vorsätzlich
und aus niedrigen Beweggründen heraus erfolgt".
Es liegt auf der Hand, dass in diesem Zeitalter
gefährlicher Waffen Mord allzu leicht ist.
Niemand könnte in einer Gesellschaft existieren,
in der er selbst oder seine Familie und
Freunde denen ausgeliefert wären,
die sie unversehens ums Leben brächten.

Zu Recht steht die Verhütung und Ahndung von
Mord im sozialen Leben an erster Stelle.

Dumme, böse und geisteskranke Menschen
versuchen, ihre wirklichen oder eingebildeten
Probleme durch Mord zu lösen.
Und es geschieht auch,
dass sie völlig grundlos morden.

Unterstützen Sie aktiv jedes nachweislich
wirksame Programm, um dieser Bedrohung
der Menschheit Herr zu werden.
Ihr eigenes Überleben könnte davon abhängen.

*Der Weg zum Glücklichsein beinhaltet keinen Mord an
Ihren Freunden, Ihrer Familie oder Ihnen selbst.*

9.

TUN SIE
NICHTS ILLEGALES.

„Illegale Handlungen"
sind solche, die durch offizielle Vorschriften oder
Gesetze verboten sind. Diese wurden von Herrschern,
gesetzgebenden Gremien und Richtern geschaffen.
Im Allgemeinen sind sie in Gesetzbüchern
niedergeschrieben. In einer wohl geordneten
Gesellschaft werden sie veröffentlicht und allgemein
bekanntgemacht. In einer undurchsichtigen – und oft
von Verbrechern geplagten – Gesellschaft muss man
einen Rechtsanwalt konsultieren oder besonders
ausgebildet sein, um sie alle zu kennen:
Eine solche Gesellschaft gibt die Parole aus:
„Unkenntnis schützt vor Strafe nicht."

Jedoch ist jedes Mitglied der Gesellschaft,
ob jung oder alt, verantwortlich dafür zu wissen,
was diese Gesellschaft als „illegale Handlung" ansieht.
Man kann Leute fragen, und es gibt Bibliotheken,
in denen man diese Gesetze nachschlagen kann.

Eine „illegale Handlung" ist nicht Ungehorsam
gegenüber einer beiläufigen Anweisung,
wie „Geh zu Bett". Es ist eine Handlung,
die zur Bestrafung durch die Gerichte
und den Staat führen kann – zur Anprangerung[22]
durch die staatliche Propagandamaschine,[23]
zu Geldstrafen und sogar zu Gefängnishaft.

Wenn jemand eine illegale Handlung begeht,
sei sie bedeutend oder nur geringfügig,
ist er dem Angriff des Staates ausgesetzt.
Es spielt keine Rolle, ob er erwischt wird oder
nicht – wenn jemand eine illegale Handlung begeht,
hat er seine Stellung geschwächt.

Fast alles, was zu tun sich lohnt und was man
zu erreichen sucht, kann oft auf ganz
gesetzlichem Wege geschehen.

---

22. *Anprangerung:* Spott, öffentliche Verachtung, Hohn oder Beschimpfung.
23. *Propaganda-:* Wird in Wortzusammensetzungen verwendet, um Verbreitung von Gedanken, Informationen oder Gerüchten zum Vorteil der eigenen und/oder zum Nachteil einer fremden Sache, oft ohne Rücksicht auf die Wahrheit auszudrücken; die Handlung, Lügen in Zeitungen, Radio oder Fernsehen zu bringen, sodass der Betroffene, wenn er sich vor Gericht zu verantworten hat, schuldig gesprochen wird; die Handlung, jemandes Ruf durch falsche Behauptungen zu schädigen, sodass ihm niemand mehr glaubt. (Ein Propagandist ist eine Person oder Gruppe, die Propaganda durchführt, hervorbringt oder praktiziert.)

Der „ungesetzliche" Weg ist eine gefährliche
und Zeit vergeudende Abkürzung. Gewöhnlich
stellt sich heraus, dass vermeintliche „Vorteile" durch
illegale Handlungen die Sache nicht wert waren.

Staat und Regierung sind meist
eine ziemlich gedankenlose Maschine.
Sie existieren und arbeiten aufgrund von Gesetzen
und Gesetzbüchern. Sie sind darauf eingestellt,
durch ihre Organe gegen Ungesetzlichkeit vorzugehen.
In dieser Eigenschaft können sie zum
unversöhnlichen[24] Feind werden, unerbittlich,[25]
wenn es um „illegale Handlungen" geht.
Recht oder Unrecht einer Sache zählt angesichts
von Gesetzen und Gesetzbüchern nicht.
Nur die Gesetze zählen.

Wenn Sie merken oder entdecken, dass
Ihre Mitmenschen „illegale Handlungen" begehen,
sollten Sie alles in Ihrer Macht Stehende tun, um sie
davon abzubringen. Sie selbst können, auch wenn Sie
nicht daran beteiligt sind, dennoch in Mitleidenschaft
gezogen werden.
Angenommen, der Firmenbuchhalter fälscht die Bücher:
In dem daraus entstehenden Durcheinander
könnte die Firma scheitern und Sie könnten
Ihren Arbeitsplatz verlieren. Solche Vorkommnisse
können das eigene Überleben stark beeinträchtigen.

---

24. *unversöhnlich:* nicht zugänglich dafür, beruhigt, besänftigt oder zufriedengestellt zu werden; unbarmherzig; gnadenlos.
25. *unerbittlich:* hart; nicht nachgebend; unbeugsam; etwas, das nicht erschüttert wird; hartnäckig; jede andere Meinung ablehnend; nicht aufgebend.

Unterstützen Sie als Mitglied jeder
beliebigen Gruppe, die Gesetzen untersteht,
die klar verständliche Veröffentlichung dieser Gesetze,
damit sie bekannt sein können. Unterstützen Sie
alle legalen politischen Bemühungen, die Gesetze,
die auf diese Gruppe Anwendung finden,
zu verringern, klarer zu machen und systematisch
zusammenzustellen. Halten Sie an dem Grundsatz fest,
dass vor dem Gesetz alle Menschen gleich sind, einem
Grundsatz, der zu seiner Zeit – während der Tyrannei[26]
der Aristokratie[27] – einen der größten sozialen
Fortschritte in der Geschichte der Menschheit darstellte
und den man nicht aus den Augen verlieren sollte.

Kümmern Sie sich darum, dass Kinder und Erwachsene
darüber informiert werden, was „legal" und was
„illegal" ist, und stellen Sie klar – sei es auch nur durch ein
Stirnrunzeln –, dass Sie „illegale Handlungen" nicht billigen.

Wer sie begeht, ist – selbst wenn er
„ungestraft davonkommt" – doch gegenüber
der Macht des Staates geschwächt.

*Auf dem Weg zum Glücklichsein
gibt es keine Angst, erwischt zu werden.*

---

26. *Tyrannei:* die Verwendung von grausamer, ungerechter und unumschränkter Macht; Einsatz vernichtender, unterdrückerischer, harter, strenger Mittel.
27. *Aristokratie:* Regierungsform, bei der einige wenige mit speziellen Vorrechten, Rängen oder Positionen die Herrschaft innehaben; Herrschaft durch eine kleine Elite, die über dem allgemeinen Gesetz steht; eine Gruppe, die durch Geburt oder Position „über allen anderen steht" und Gesetze erlassen oder auf andere anwenden kann, sich selbst jedoch nicht den Gesetzen unterworfen fühlt.

10.

UNTERSTÜTZEN SIE EINE REGIERUNG, DIE FÜR ALLE GEDACHT IST UND IM INTERESSE ALLER HANDELT.

*S*krupellose und böse Menschen und Gruppen können die Regierungsmacht an sich reißen und sie für ihre eigenen Zwecke verwenden.

Eine Gesellschaft, deren Regierung allein für eigennützige Einzelne und Gruppen organisiert und betrieben wird, hat nur eine kurze Lebensdauer. Dadurch wird das Überleben jedes Einzelnen im Land gefährdet; sogar diejenigen, die eine solche Regierung anstreben, sind in Gefahr. Die Geschichte ist voller Beispiele für den Untergang solcher Regierungen.

Widerstand gegen
solche Regierungen führt gewöhnlich
nur zu weiteren Gewalttaten.

Aber man kann seine Stimme warnend erheben,
wenn man derartige Missbräuche sieht.
Und man braucht eine solche Regierung nicht aktiv
zu unterstützen; ohne etwas Unerlaubtes zu tun,
ist es dennoch möglich, durch einfachen Entzug seiner
Mitarbeit schließlich eine Reform herbeizuführen.
Gerade heute gibt es mehrere Regierungen
auf der Welt, die nur deshalb scheitern,
weil ihr Volk seine stillschweigende Ablehnung
dadurch zum Ausdruck bringt, dass es einfach nicht
mitarbeitet. Diese Regierungen sind in Gefahr:
Ein unpassendes Auftauchen ungünstiger
Umstände könnte ihr Ende bedeuten.

Wenn andererseits eine Regierung offensichtlich
für das GESAMTE Volk arbeitet,
nicht für besondere Interessengruppen oder
einen geisteskranken Diktator,
sollte man sie bis zum Äußersten unterstützen.

Es gibt ein Fachgebiet namens „Regierung".
In den Schulen wird meist „Staatsbürgerkunde" gelehrt;
darin wird lediglich der Aufbau der bestehenden
Regierungsorganisation behandelt.
Das eigentliche Gebiet „Regierung"
läuft unter verschiedenen Überschriften:
Volkswirtschaftslehre, politische Philosophie,
Staatswissenschaft usw. Das ganze Gebiet „Regierung"
und wie man regiert, kann sehr präzise sein,
fast wie eine technische Wissenschaft.
Wenn Ihnen daran liegt,
eine bessere Regierung zu haben,
eine Regierung, die keine Schwierigkeiten macht,
so sollten Sie vorschlagen, dass dies in früheren
Klassen der Schulen gelehrt wird.
Man kann sich auf diesem Gebiet auch
durch Lesen Wissen aneignen:
Das Thema ist nicht sehr schwierig,
wenn man die komplizierten Wörter nachschlägt.

Schließlich sind das Volk und
seine eigenen Opinionleader diejenigen,
die für ihr Land schwitzen, kämpfen und bluten.
Eine Regierung kann nicht bluten,
sie kann nicht einmal lächeln:
Sie ist nur eine Vorstellung,
die die Menschen haben.
Lebendig ist immer nur ein
einzelner Mensch – *Sie*.

*Der Weg zum Glücklichsein
ist beschwerlich, wenn er von der Last
einer Gewaltherrschaft überschattet ist.
Eine wohlwollende Regierung,
die für das GANZE Volk gedacht ist
und in seinem Interesse handelt,
hat oft den Weg geebnet:
Wenn dies geschieht,
verdient sie Unterstützung.*

11.

SCHADEN SIE NIEMANDEM, DER GUTE ABSICHTEN[28] HAT.

*E*ntgegen
der Behauptung böser Menschen,
alle Menschen seien böse, gibt es viele gute Männer
und auch Frauen. Vielleicht hatten Sie das Glück,
einige von ihnen kennenzulernen.

In Wirklichkeit wird die Gesellschaft von Männern
und Frauen mit guten Absichten in Gang gehalten.
Angehörige des öffentlichen Dienstes,
die Opinionleader, diejenigen, die in
der Privatwirtschaft ihre Arbeit leisten,
sie alle sind in ihrer großen Mehrheit Menschen
mit guten Absichten. Wären sie es nicht,
hätten sie schon lange ihren Dienst aufgegeben.

---

28. *Absichten:* Verhalten oder Einstellung gegenüber anderen; Haltung.
„Menschen, die gute Absichten haben" sind traditionsgemäß solche, die es
mit ihren Mitmenschen gut meinen und sich dafür einsetzen, ihnen zu helfen.

Solche Menschen sind leicht angreifbar:
Gerade weil sie anständig sind,
treffen sie keine übertriebenen Schutzmaßnahmen.
Aber von ihnen hängt das Überleben
der meisten Menschen in einer Gesellschaft ab.

Der Gewaltverbrecher, der Propagandist,
die Sensationsmacher der Massenmedien,
sie alle versuchen, unsere Aufmerksamkeit von
der alltäglichen, aber unerschütterlichen Tatsache
abzulenken, dass die Gesellschaft überhaupt nicht
funktionieren würde, wenn es nicht die Menschen
mit guten Absichten gäbe. Man übersieht leicht die
Tatsache, dass die Menschen mit guten Absichten
diejenigen sind, die die Welt in Gang und
die Menschen auf diesem Planeten am Leben halten,
denn sie überwachen die Straße, leiten die Kinder an,
messen das Fieber, löschen Brände und reden
mit ruhiger Stimme vernünftige Dinge.

Dennoch können
diese Menschen angegriffen werden,
und es sollten wirksame Maßnahmen
empfohlen und ergriffen werden,
um sie zu verteidigen
und vor Schaden zu bewahren,
denn Ihr eigenes Überleben und
das Ihrer Familie und
Freunde hängt von ihnen ab.

*Der Weg zum Glücklichsein
lässt sich viel leichter gehen,
wenn man Menschen unterstützt,
die gute Absichten haben.*

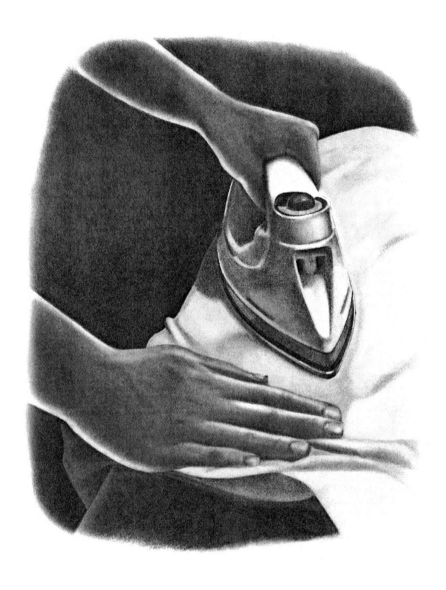

12.

SCHÜTZEN[29] UND VERBESSERN SIE IHRE UMWELT.

12-1.
Weisen Sie ein gepflegtes Äußeres auf.

Manchen Menschen – die sich ja nicht
den ganzen Tag lang selbst
ansehen müssen – kommt es nicht
in den Sinn, dass sie für andere
zum Bild gehören. Und manche sind sich
nicht klar darüber, dass sie von anderen
nach ihrer äußeren Erscheinung beurteilt werden.

Kleidung mag teuer sein, Seife und andere
Toilettenartikel lassen sich jedoch leicht erwerben.
Manchmal ist es schwer, die richtige Technik
zu finden, aber sie lässt sich entwickeln.

---

29. *schützen:* verhindern, dass etwas beschädigt wird; beschützen.

In manchen Gesellschaften, die zur Barbarei neigen
oder sehr dekadent sind, kann es sogar modern sein,
als öffentlicher Schandfleck herumzulaufen.
In Wirklichkeit ist es ein Anzeichen
für mangelnde Selbstachtung.

Wenn man arbeitet oder Sport treibt,
kann man sehr schmutzig werden.
Das schließt aber nicht aus,
dass man sich hinterher wäscht.
Und es gibt z. B. in Europa und
in England Arbeiter, die es fertigbringen,
auch während der Arbeit nicht
ungepflegt auszusehen.
Einige Spitzensportler
sehen bemerkenswert gut aus,
selbst wenn sie vor Schweiß triefen.

Eine Umwelt,
die durch ungepflegte Menschen
verunstaltet ist, kann eine unterschwellige
deprimierende Wirkung auf
die Moral[30] haben.

Ermuntern Sie Ihre Mitmenschen,
gut auszusehen, indem Sie
ihnen Komplimente machen,
wenn dies der Fall ist,
oder ihnen sogar
vorsichtig bei
ihren Problemen
helfen, wenn sie
nicht gut aussehen.
Es könnte auch
ihre Selbstachtung
und ihre Moral stärken.

---

30. *Moral:* die geistige und gefühlsmäßige Einstellung eines Einzelnen oder einer Gruppe; Sinn für Wohlergehen; Bereitschaft, sich an die Arbeit zu machen; ein Sinn für ein gemeinsames Ziel.

12-2.
Achten Sie auf Ihren eigenen Bereich.

Wenn Menschen ihre Sachen und
ihren Bereich nicht in Ordnung halten,
so kann das auf Ihren eigenen Bereich übergreifen.

Wenn Menschen anscheinend unfähig sind,
ihre Sachen und ihre Umgebung in Ordnung
zu halten, so ist das ein Anzeichen dafür, dass sie sich
dort nicht zu Hause fühlen und ihre Sachen
eigentlich nicht als ihr Eigentum betrachten.
Die Sachen, die ihnen in ihrer Kindheit „geschenkt"
wurden, waren mit zu vielen Bedingungen und
Ermahnungen verknüpft oder wurden ihnen von
Geschwistern oder Eltern wieder weggenommen.
Und möglicherweise hatten diese Menschen
das Gefühl, nicht willkommen zu sein.

Den Besitzgegenständen, Räumen,
Arbeitsplätzen und Fahrzeugen solcher Menschen sieht
man an, dass sie niemandem wirklich gehören.
Schlimmer noch, manchmal kann man sogar
eine Art Wüten gegen Eigentum beobachten.
Das kann sich als Vandalismus[31] äußern:
Ein Haus oder Auto, das „niemandem gehört",
wird bald zerstört sein.

---

31. *Vandalismus:* die absichtliche und böswillige Zerstörung von öffentlichem oder privatem Eigentum, insbesondere von etwas, das schön oder kunstvoll ist.

Wer Sozialwohnungen baut und
sie instand zu halten versucht, ist oft bestürzt,
wie schnell solche Wohnungen verwahrlosen können.
Die Armen besitzen per Definition wenig oder gar
nichts. Sie werden von vielen Seiten bedrängt,
sodass sie schließlich auch das Gefühl bekommen,
nirgendwo hinzugehören.

Doch, ob arm oder reich und gleich,
aus welchen Gründen: Menschen,
die auf ihr Eigentum und ihre Umgebung
nicht Acht geben, können Unordnung um sich herum
verbreiten. Gewiss fallen Ihnen dazu Beispiele ein.

Fragen Sie solche Menschen, was ihnen im Leben
wirklich gehört und ob sie wirklich dort hingehören,
wo sie sind, und Sie werden einige
überraschende Antworten bekommen.
Und diesen Menschen auch sehr viel helfen.

Die Fähigkeit, Besitz
und Umgebung in Ordnung
zu halten, lässt sich erlernen.
Manchen Menschen ist vielleicht noch nie
der Gedanke gekommen, dass ein Gegenstand,
den man genommen und gebraucht hat,
an denselben Platz zurückgelegt werden sollte,
damit man ihn wiederfinden kann:
Manche verbringen die Hälfte ihrer Zeit nur damit,
nach Sachen zu suchen. Es kann sich lohnen,
ein wenig Zeit für Organisation aufzuwenden:
Es macht sich durch größere Arbeitsgeschwindigkeit
bezahlt und ist, im Gegensatz zur Meinung
mancher Leute, keine Zeitverschwendung.

Wenn Sie Ihren Besitz und Ihre Umgebung
schützen wollen, bringen Sie andere dazu,
für ihren eigenen Bereich zu sorgen.

12-3.
Helfen Sie, für die Erde zu sorgen.

Der Gedanke, dass man an der Erde teilhat und dass man helfen kann und sollte, für sie zu sorgen, mag gewaltig erscheinen und einigen völlig unreal vorkommen. Aber in unserer Zeit kann etwas, das auf der anderen Seite der Erde geschieht, sogar aus einer so großen Entfernung einen Einfluss auf das Geschehen in Ihren eigenen vier Wänden haben.

Die jüngsten Entdeckungen mit Hilfe von Raumsonden, die zur Venus geschickt wurden, haben gezeigt, dass unsere eigene Welt so weit heruntergebracht werden könnte, dass sie kein Leben mehr tragen würde. Und möglicherweise könnte das noch zu unseren Lebzeiten eintreten.

Zu viele abgeholzte Wälder, zu viele verschmutzte Flüsse und Meere, eine vergiftete Atmosphäre, und wir sind geliefert. Die Temperatur auf der Erdoberfläche kann glühend heiß, der Regen zu Schwefelsäure werden. Alles Leben könnte sterben.

Man fragt sich vielleicht:
„Selbst wenn das wahr wäre,
was könnte ich dagegen tun?"
Nun, man bräuchte nur die Stirn
zu runzeln, wenn Menschen etwas tun,
was zur Zerstörung der Erde beiträgt,
und man hätte schon etwas dagegen getan.
Selbst wenn man nur der Meinung wäre,
es sei einfach nicht gut, die Erde zu zerstören,
und diese Meinung kundtun würde,
so hätte man schon etwas getan.

Für die Erde zu sorgen fängt im
eigenen Vorgarten an. Es erstreckt sich auf
den Weg zur Schule oder zur Arbeit.
Es dehnt sich auf die Picknickplätze und
die Ferienorte aus. Der Abfall, der die Umgebung
und die Wasserversorgung verschmutzt,
das tote Buschholz, das eine Feuergefahr bildet,
dies sind Dinge, zu denen man nicht beitragen
muss und gegen die man, wenn man gerade
nichts anderes zu tun hat, etwas unternehmen kann.
Einen Baum zu pflanzen mag zwar gering
erscheinen, ist aber immerhin etwas.

In manchen Ländern sitzen alte oder arbeitslose
Menschen nicht einfach herum und gehen zugrunde:
Sie werden dafür eingesetzt, Gärten, Parks und Wälder
instand zu halten, Abfall aufzusammeln
und mehr Schönheit in die Welt zu bringen.
Es fehlt nicht an Mitteln, um für diesen Planeten
zu sorgen. Sie werden meist nicht beachtet.
Es sei vermerkt, dass das Civilian Conservation Corps,
das in den Dreißigerjahren in den USA
organisiert wurde, um die Arbeitskraft
der arbeitslosen Offiziere und der
Jugend zu nutzen, eines der wenigen,
wenn nicht das einzige Projekt
in dieser Zeit der Depression war,
das für den Staat mehr Reichtum schuf,
als für es ausgegeben wurde.
Große Gebiete wurden wieder aufgeforstet
und anderes wurde geleistet,
um für den US-amerikanischen Teil
der Erde zu sorgen. Es sei vermerkt,
dass das Civilian Conservation Corps
nicht mehr besteht. Man kann sich
der Meinung derer anschließen,
die solche Projekte für gut halten,
und man kann Opinionleader und
Organisationen unterstützen,
die sich zur Erhaltung der Umwelt betätigen.
Auch dies wäre ein kleiner Beitrag.

An der Technik fehlt es nicht.
Aber Technik und deren Anwendung kosten Geld. Geld
steht zur Verfügung, wenn vernünftige wirtschaftliche
Richtlinien befolgt werden,
durch die nicht jeder bestraft wird.
Es gibt solche Richtlinien.

Man kann vieles tun, um zu helfen,
für die Erde zu sorgen. Es fängt damit an,
dass man sich selbst dazu verpflichtet fühlt.
Es geht damit weiter, dass man
es auch anderen nahelegt.

Der Mensch hat die potenzielle Fähigkeit erreicht,
die Erde zu zerstören. Er muss darüber hinaus
die Fähigkeit erwerben, die Erde zu retten,
und dann entsprechend handeln.

Schließlich ist die Erde das, worauf wir stehen.

Wenn andere nicht helfen,
die Umwelt zu schützen und zu verbessern,
könnte dem Weg zum Glücklichsein der Boden fehlen,
um überhaupt darauf zu gehen.

13.

STEHLEN SIE NICHT.

Wer das Eigentum an
Dingen nicht respektiert,
dessen eigenes Hab und Gut ist gefährdet.

Wenn jemand aus irgendeinem Grund außerstande war,
Eigentum ehrlich zu erwerben, dann kann er so tun, als
ob überhaupt niemand Eigentum an etwas hätte.
Versuchen Sie aber nicht, seine Schuhe zu stehlen!

Ein Dieb gibt seiner Umgebung Rätsel auf:
Was ist mit diesem, was mit jenem geschehen?
Der Schaden, den ein Dieb verursacht,
geht weit über den Wert
der gestohlenen Dinge hinaus.

Umgeben von der Reklame für
begehrenswerte Güter, gequält von der Unfähigkeit,
etwas zu tun, was wertvoll genug wäre,
um damit Besitz zu erwerben, oder einfach
von einem Impuls getrieben, glauben Menschen,
die stehlen, sie hätten damit etwas Wertvolles zu
geringen Kosten erworben. Aber genau hier liegt
die Schwierigkeit: die Kosten. Der tatsächliche Preis,
den der Dieb bezahlt, ist unglaublich hoch.
Die größten Räuber der Geschichte bezahlten für
ihre Beute, indem sie ihr Leben in elenden Verstecken
und Gefängnissen verbrachten – die Augenblicke
des „guten Lebens" waren selten. Keine noch so
große Menge gestohlener Wertsachen würde
ein solch schreckliches Schicksal lohnen.

Gestohlene Güter verlieren stark an Wert:
Sie müssen versteckt werden und
stellen stets eine Bedrohung der Freiheit dar.

Sogar in kommunistischen Staaten wird
ein Dieb ins Gefängnis gesteckt.

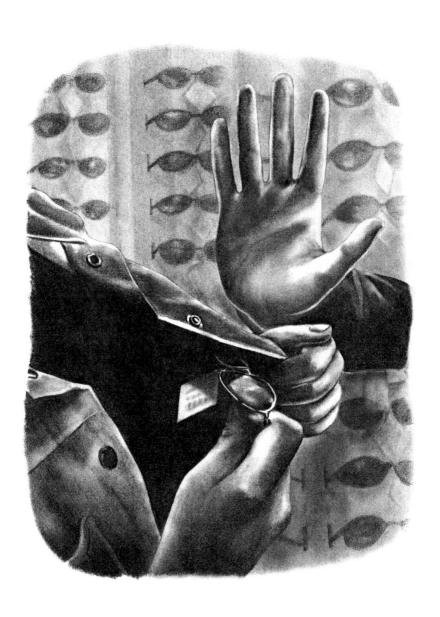

Jemand, der stiehlt,
gibt damit im Grunde nur zu,
dass er nicht fähig genug ist,
auf ehrliche Weise voranzukommen.
Oder dass er unter einem Anflug
von Geisteskrankheit leidet.
Fragen Sie einen Dieb, was zutrifft:
Es ist eines von beiden.

*Der Weg zum Glücklichsein
lässt sich nicht mit
gestohlenen Gütern gehen.*

14.

SEIEN SIE VERTRAUENSWÜRDIG.

Wenn
Sie sich auf Ihre Mitmenschen
nicht verlassen können,
sind Sie selbst gefährdet.
Wenn Menschen, auf die Sie zählen,
Sie im Stich lassen,
kann Ihr Leben in Unordnung geraten,
ja sogar Ihr Überleben
gefährdet sein.

Gegenseitiges Vertrauen ist
der stabilste Baustein
menschlicher Beziehungen. Fehlt es,
so bricht der ganze Bau
zusammen.

Vertrauenswürdigkeit ist eine Ware,
die hoch im Kurs steht.
Hat man sie,
so wird man als wertvoll angesehen.
Hat man sie verloren,
so kann man als wertlos
betrachtet werden.

Man sollte
seine Mitmenschen veranlassen,
Vertrauen zu zeigen und
es zu verdienen.
Dadurch werden sie
für sich selbst und
für andere weit wertvoller.

14-1.
Halten Sie Ihr einmal gegebenes Wort.

Wenn man eine Zusicherung oder ein
Versprechen gibt oder eine Absicht beschwört,
so muss man diese Dinge wahr machen.
Wenn man sagt, man werde etwas tun,
so sollte man es tun. Wenn man sagt,
man werde etwas nicht tun,
so sollte man es nicht tun.

Die Achtung, die man vor jemandem hat,
gründet sich zu einem nicht geringen Teil
darauf, ob er sein Wort hält.
Zum Beispiel wären selbst Eltern überrascht,
wie sehr sie in der Achtung ihrer Kinder sinken,
wenn sie ein Versprechen nicht halten.

Menschen, die ihr Wort halten,
genießen Vertrauen und werden bewundert.
Menschen, die ihr Wort nicht halten,
werden als Abfall betrachtet.

Wer einmal sein Wort bricht,
hat oft für immer verspielt.

Ein Mensch, der nicht Wort hält,
sieht sich vielleicht bald in allerlei „Garantien"
und „Einschränkungen" verstrickt und gefangen;
vielleicht sieht er sich sogar von normalen
Beziehungen mit anderen ausgeschlossen.
Es gibt kein gründlicheres Mittel,
sich selbst von seinen Mitmenschen
abzusondern, als seine einmal
gegebenen Versprechen
nicht zu halten.

Man sollte nie zulassen,
dass jemand anders leichtfertig etwas verspricht.
Und man sollte darauf bestehen, dass ein einmal
gegebenes Versprechen gehalten wird.
Das eigene Leben kann sehr in
Unordnung geraten, wenn man versucht,
sich mit Menschen zusammenzutun,
die ihre Versprechen nicht halten.
Es ist nichts, was man auf
die leichte Schulter nehmen sollte.

*Der Weg zum Glücklichsein lässt sich viel,
viel leichter mit Menschen gehen,
denen man vertrauen kann.*

15.

KOMMEN SIE IHREN VERPFLICHTUNGEN[32] NACH.

*A*uf dem Weg
durchs Leben geht man unvermeidlich
Verpflichtungen ein. Tatsächlich wird man
mit bestimmten Verpflichtungen geboren,
und später sammeln sich meist weitere an.
Es ist kein neuer Gedanke, dass man seinen Eltern
etwas dafür schuldet, dass sie einen zur Welt gebracht
und großgezogen haben. Es spricht für die Eltern,
dass sie das nicht stärker betonen. Dennoch ist es
eine Verpflichtung: Sogar das Kind spürt das.
Und im Laufe des Lebens sammelt man weitere
Verpflichtungen an – gegenüber anderen Menschen,
Freunden, der Gesellschaft und sogar der Welt.

---

32. *Verpflichtung:* Zustand oder Tatsache, dass man einem anderen als Gegenleistung für einen erhaltenen Dienst oder Gefälligkeiten etwas schuldet; eine Pflicht, ein Vertrag, ein Versprechen oder irgendeine sonstige gesellschaftliche, moralische oder rechtliche Forderung, durch die man daran gebunden ist, bestimmte Handlungsweisen zu befolgen oder zu vermeiden; das Gefühl, einem anderen etwas zu schulden.

Man tut jemandem durchaus keinen Gefallen, wenn man ihm nicht gestattet, seinen Verpflichtungen nachzukommen oder seine Schulden zu bezahlen. Ein nicht geringer Teil der „Kindheitsrevolte" entsteht dadurch, dass andere sich weigern, die einzigen „Münzen" anzunehmen, die ein Baby, ein Kind oder ein Jugendlicher hat, um sich der „Last der Verpflichtung" zu entledigen: Das Lächeln des Babys, die ungelenken Versuche des Kindes zu helfen, der mögliche Ratschlag des Jugendlichen oder einfach das Bemühen, ein guter Sohn oder eine gute Tochter zu sein, werden häufig übersehen und nicht akzeptiert. Solche Bemühungen mögen manchmal schlecht gezielt, oft schlecht geplant sein; sie schwinden schnell. Wenn durch sie nicht die große Last der Schuld abgetragen werden kann, treten dann leicht eine Vielzahl von Mechanismen oder Rechtfertigungen an ihre Stelle: „Man schuldet in Wirklichkeit gar nichts", „sie waren es mir von Anfang an schuldig", „ich habe nicht darum gebeten, geboren zu werden", „meine Eltern oder mein Vormund taugen nichts" und: „Es lohnt sich ohnehin nicht zu leben", um nur einige zu nennen. Und dennoch sammeln sich weitere Verpflichtungen an.

Die „Last der Verpflichtung" kann zur erdrückenden Bürde werden, wenn man keine Möglichkeit sieht, sie loszuwerden. Es kann zu allerlei Störungen im Leben des Einzelnen und der Gesellschaft führen. Kann man sich der Verpflichtung nicht entledigen, so werden diejenigen, denen man etwas schuldet, oft unwissentlich zur Zielscheibe höchst unerwarteter Reaktionen.

Man kann einem Menschen, der sich dem Dilemma unerledigter Verpflichtungen und unbezahlter Schulden gegenübersieht, helfen, wenn man einfach *alle* Verpflichtungen, die er übernommen und nicht erfüllt hat – moralische, soziale und finanzielle –, mit ihm durchgeht und einen Weg mit ihm erarbeitet, wie er *alle,* die seiner Meinung nach noch offen sind, begleichen kann.

Man sollte die Bemühungen eines Kindes oder eines Erwachsenen annehmen, nicht-finanzielle Verpflichtungen, die sie zu haben meinen, zu begleichen: Für die Rückzahlung finanzieller Verpflichtungen sollte man helfen, eine für beide Seiten annehmbare Lösung herbeizuführen.

Raten Sie Menschen davon ab,
mehr Verpflichtungen zu übernehmen,
als sie tatsächlich erfüllen oder zurückzahlen können.

*Der Weg zum Glücklichsein ist sehr beschwerlich,
wenn man die Last von Verpflichtungen trägt,
die einem geschuldet werden oder die
man selbst nicht beglichen hat.*

16.

SEIEN SIE FLEISSIG.[33]

*A*rbeit
ist nicht immer angenehm.

Aber es gibt kaum unglücklichere Menschen
als diejenigen, die ein zielloses, müßiges
und langweiliges Leben führen:
Kinder, die nichts zu tun haben,
lassen die Mutter ihre Verdrießlichkeit spüren;
die gedrückte Stimmung der Arbeitslosen,
selbst wenn sie „Unterstützung"[34] bekommen
oder „stempeln gehen",[35] ist sprichwörtlich;
der Rentner, für den es im Leben nichts mehr
zu erreichen gibt, geht an Untätigkeit zugrunde,
wie sich statistisch belegen lässt.

---

33. *fleißig:* sich selbst mit Energie Studium oder Arbeit widmend; aktiv und zielstrebig Dinge erledigend; das Gegenteil davon, untätig zu sein und nichts zu erreichen.
34. *Unterstützung:* Güter oder Gelder, wie sie von einer Regierungsbehörde an Leute ausgegeben werden, weil sie in Not oder arm sind.
35. *stempeln gehen:* eine umgangssprachliche Bezeichnung für den Bezug von Arbeitslosengeld von der Regierung.

Sogar Touristen,
von einem Reisebüro zur Muße verlockt,
machen einem Reiseleiter das Leben schwer,
wenn er nichts für sie zu tun hat.

Kummer kann einfach dadurch gelindert werden,
dass man sich mit etwas beschäftigt.

Leistung hebt die Moral gewaltig. Tatsächlich
lässt sich nachweisen, dass Produktion[36]
die Grundlage der Moral ist.

Menschen,
die nicht fleißig sind,
bürden ihre Arbeit anderen auf.
Sie fallen einem häufig zur Last.

Mit faulen Menschen
lässt sich schwer auskommen.
Sie wirken nicht nur deprimierend,
sie können auch eine gewisse Gefahr darstellen.

---

36. *Produktion:* die Handlung, etwas fertigzustellen; das Beenden von Aufgaben, Projekten oder Gegenständen, die brauchbar oder wertvoll sind oder einfach des Tuns oder Habens wert sind.

Eine funktionierende Lösung
sähe so aus, solche Menschen davon zu überzeugen,
sich für eine Tätigkeit zu entscheiden, und
sie zu veranlassen, diese wirklich
in Angriff zu nehmen.
Es zeigt sich,
dass eine Arbeit,
die zu wirklicher Produktion führt,
den beständigsten Nutzeffekt hat.

*Der Weg zum Glücklichsein ist
eine Schnellstraße, wenn er Fleiß beinhaltet,
der zu greifbarer Produktion führt.*

17.

SEIEN SIE KOMPETENT.[37]

*I*n einem Zeitalter
komplizierter technischer Geräte,
schneller Maschinen und Fahrzeuge hängen
das eigene Überleben sowie das der Familie
und Freunde in nicht geringem Maße
von der allgemeinen Kompetenz
anderer Menschen ab.

In der Wirtschaft,
den Natur- und Geisteswissenschaften
sowie der Regierung kann Inkompetenz[38] zu
einer Bedrohung des Lebens und der Zukunft
weniger oder vieler Menschen werden.

---

37. *kompetent:* imstande, das, was man macht, gut zu machen; fähig; geschickt bei dem, was man tut; den Anforderungen an die eigenen Tätigkeiten gewachsen.
38. *Inkompetenz:* fehlendes entsprechendes Wissen, Fertigkeit oder Fähigkeit; Ungeübtheit; Unfähigkeit; Neigung, große Irrtümer oder Fehler zu begehen; Verpfuschen.

Gewiss fallen Ihnen dazu
viele Beispiele ein.

Der Mensch war seit jeher bestrebt,
sein Schicksal zu beeinflussen.
Aberglaube, Günstigstimmen der richtigen Götter,
rituelle Tänze vor der Jagd können alle
als Bemühungen betrachtet werden,
das Schicksal zu bestimmen,
gleich, wie schwach oder wirkungslos
sie auch gewesen sein mögen.

Erst als der Mensch lernte,
zu denken, Wissen auszuwerten und
es sachkundig und geschickt anzuwenden,
begann er seine Umwelt zu beherrschen.
Das wahre „Geschenk des Himmels"
mag die Möglichkeit gewesen sein,
kompetent zu sein.

Schon bei alltäglichen Berufen und
Tätigkeiten werden Sachverstand
und Geschick geachtet.
Dem Helden oder Sportler
bringen sie fast Verehrung ein.

Wahre Kompetenz
zeigt sich im Endergebnis.

Ein Mensch
überlebt in dem Maße,
wie er kompetent ist.
Unfähigkeit ist
sein Verderben.

Unterstützen Sie
bei jeder lohnenswerten Tätigkeit
den Erwerb von Kompetenz.
Loben und belohnen Sie sie,
wann immer Sie
sie antreffen.

Verlangen Sie
ein hohes Qualitätsniveau.
Eine Gesellschaft ist so gut,
wie Sie, Ihre Familie und Ihre Freunde
darin sicher leben können.

Zu Kompetenz
gehören Beobachtung,
Studium und Übung.

17-1.
*S*chauen Sie.

Sehen Sie, was Sie selbst sehen, nicht das,
wovon jemand anders Ihnen sagt,
dass Sie es sehen.

Sie beobachten das, was *Sie* beobachten.
Sehen Sie sich Dinge,
das Leben und andere Menschen direkt an,
nicht durch eine Wolke aus Vorurteilen,
einen Vorhang der Angst oder
die Auffassungen eines anderen.

Anstatt mit anderen zu streiten, lassen Sie
sie lieber hinsehen. Sie können einfach dadurch,
dass Sie jemanden ganz sanft dazu bringen,
wirklich *hinzusehen,* die schamlosesten Lügen
zum Platzen bringen, die größten Heucheleien
entlarven, die schwierigsten Rätsel lösen
und die erstaunlichsten Enthüllungen
herbeiführen.

Wenn jemand etwas
so verwirrend und schwierig findet,
dass er es kaum noch ertragen kann, und wenn er
sich mit seinen Gedanken immer nur im Kreise dreht,
lassen Sie ihn innehalten und sich die Sache ansehen.

Was er sieht, ist normalerweise sehr offensichtlich,
sobald er es sieht. Dann kann er etwas tun.
Aber was jemand nicht selbst sieht und
nicht selbst beobachtet, ist ihm vielleicht
auch nicht klar, und alle Richtlinien,
Befehle und Strafen der Welt
bringen ihn nicht aus seiner
Verworrenheit heraus.

Man kann jemandem zwar sagen,
in welche Richtung er blicken soll,
und ihm nahelegen, wirklich hinzusehen:
Aber die Schlussfolgerungen
muss er selbst ziehen.

Ob Kind oder Erwachsener – real ist das,
was man selbst sieht.

Wahre Kompetenz beruht
auf der eigenen Fähigkeit zu beobachten.
Nur wenn diese Fähigkeit verwirklicht wird,
kann man gewandt und sicher sein.

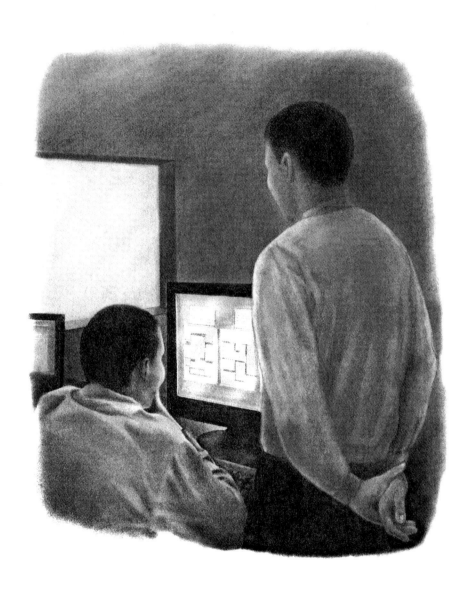

17-2.
Lernen Sie.

Können Sie sich erinnern,
dass jemand über Sie falsch informiert war?
Hat Ihnen das Schwierigkeiten verursacht?

Dies mag Ihnen eine Vorstellung davon geben,
welches Unheil falsche Informationen
anrichten können.

Auch könnten Sie über jemand anderen
falsch informiert sein.

Verstehen kann nur,
wer das Falsche vom Wahren trennt.

Es werden viele falsche Informationen verbreitet.
Böswillige Menschen tun dies,
um ihren eigenen Zwecken zu dienen.
Manchmal geschieht es auch aus reiner Unkenntnis
der Tatsachen. Es kann die Aufnahme
richtiger Informationen verhindern.

Der Hauptvorgang beim Lernen besteht aus
der Durchsicht der verfügbaren Informationen
und der Unterscheidung zwischen wahr und falsch,
wichtig und unwichtig. So kommt man zu eigenen
Schlussfolgerungen, die man anwenden kann.
Damit rückt man Kompetenz
schon ein gutes Stück näher.

Der Prüfstein für jede „Wahrheit" besteht darin,
ob sie für *Sie* wahr ist. Vorausgesetzt,
Sie haben alle verfügbaren Informationen
darüber gesammelt, alle missverstandenen Wörter
aufgeklärt und sich die Sache von allen Seiten
angesehen – wenn sie Ihnen dann immer noch
nicht wahr erscheint, so ist sie für Sie nicht wahr.
Lehnen Sie sie ab. Und wenn Sie wollen,
gehen Sie noch einen Schritt weiter und entscheiden
Sie, was für *Sie* die Wahrheit ist. Schließlich müssen
Sie ja die Sache verwenden oder nicht verwenden,
sie in Ihre Überlegungen einbeziehen
oder nicht einbeziehen. Das blinde Übernehmen
von „Tatsachen" oder „Wahrheiten",
nur weil es so befohlen wird,
kann einen unglücklichen Ausgang nehmen,
wenn einem diese „Tatsachen" oder „Wahrheiten"
unwahr oder gar falsch erscheinen. Das ist der Weg,
der zur Müllhalde der Inkompetenz führt.

Ein anderer Teil des Lernens erfordert lediglich,
dass man sich etwas einprägt – wie zum Beispiel
die Schreibweise von Wörtern,
mathematische Tabellen und Formeln oder
die Reihenfolge, in der man Knöpfe drücken muss.
Aber selbst beim einfachen Auswendiglernen
muss man wissen, wozu die Sache dient
und wie und wann man sie verwendet.

Der Vorgang des Lernens besteht nicht darin,
einfach immer mehr Informationen anzuhäufen.
Lernen bedeutet, neue Einsichten
und bessere Verfahrensweisen zu gewinnen.

Jeder, der im Leben Erfolg hat,
hört eigentlich nie auf, zu studieren und zu lernen.
Der kompetente Ingenieur hält sich stets auf
dem neuesten Stand der Technik;
der gute Sportler informiert sich ständig über
die jüngsten Entwicklungen in seiner Disziplin;
jeder Fachmann hat immer einen Stapel
seiner Lehrbücher oder Fachzeitschriften
zur Hand und benutzt sie.

Das neue Modell
des Rührgerätes oder der Waschmaschine,
das neueste Automodell des Jahres – sie alle
setzen für ihre sachgerechte Bedienung
einiges Studium und Lernen voraus.
Wird das unterlassen,
gibt es Unfälle in der Küche
und blutige Schrotthaufen
auf den Autobahnen.

Wer meint, er bräuchte im Leben
nichts mehr zu lernen,
ist äußerst arrogant.
Wer seine Vorurteile und
Fehlinformationen nicht ablegen kann,
um sie durch Tatsachen und
Wahrheiten zu ersetzen,
die ihm und allen anderen
im Leben mehr nützen können,
ist mit gefährlicher Blindheit geschlagen.

Es gibt Möglichkeiten, so zu studieren,
dass man wirklich etwas lernt und
das Gelernte anwenden kann.
Dazu gehören, kurz gesagt,
ein Lehrer, der weiß, wovon er redet,
oder klar verständliche Lehrbücher oder beides;
das Aufklären aller Wörter, die man nicht ganz
versteht; das Benutzen anderer Materialien über
das jeweilige Thema oder auch die Anschauung
des Gegenstandes selbst an Ort und Stelle;
das Klären falscher Informationen,
die man dazu vielleicht von früher hat,
und die Trennung von falsch und wahr,
ausgehend davon, was jetzt wahr für einen ist.
Das Endergebnis ist Sicherheit und
die Möglichkeit, kompetent zu sein.
Das kann wirklich eine freudige
und lohnende Erfahrung sein. So ähnlich,
wie wenn man einen tückischen Berg besteigt
und sich dabei durch allerlei hartes Gestrüpp
hindurchkämpfen muss, schließlich aber
den Gipfel erreicht und einen neuen Blick
auf die ganze weite Welt gewinnt.

Wenn eine Zivilisation überleben will,
muss sie in ihren Schulen
die Lerngewohnheiten und -fähigkeiten pflegen.
Eine Schule ist kein Ort, wohin man Kinder steckt,
damit sie einem tagsüber nicht im Weg sind.
Für diesen Zweck allein wäre sie viel zu teuer.
Sie ist auch kein Ort, an dem Papageien
hervorgebracht werden.
In der Schule sollten Kinder lernen,
wie man studiert, und darauf vorbereitet werden,
sich mit der Wirklichkeit auseinanderzusetzen
und kompetent damit umzugehen;
sie sollten dort darauf vorbereitet werden,
die Welt von morgen zu übernehmen, die Welt,
in der die heutigen Erwachsenen in ihren mittleren
oder späten Jahren sein werden.

Der Gewohnheitsverbrecher hat nie gelernt,
wie man lernt. Die Gerichte versuchen wiederholt,
ihm beizubringen, dass er wieder ins Gefängnis kommt,
wenn er das Verbrechen noch einmal begeht:
Die meisten begehen dasselbe Verbrechen
noch einmal und wandern wieder ins Gefängnis.
Tatsächlich liegt es an den Verbrechern,
dass immer mehr Gesetze erlassen werden:
Der anständige Bürger hält sich an Gesetze;
Verbrecher tun es definitionsgemäß nicht:
Verbrecher können nicht lernen. Alle Anordnungen,
Richtlinien, Strafen und Zwangsmaßnahmen werden
bei einem Wesen, das nicht weiß, wie man lernt,
und das nicht lernen kann, nichts nützen.

Wenn eine Regierung verbrecherisch
geworden ist – wie das manchmal in der Geschichte
vorgekommen ist –, so erkennt man das daran,
dass ihre Leiter nicht lernen können:
Geschichte und gesunder Menschenverstand
mögen darauf hinweisen, dass Unterdrückung
zur Katastrophe führt; dennoch musste es blutige
Revolutionen geben, um mit ihnen fertig zu werden,
oder einen Zweiten Weltkrieg, um einen Hitler
loszuwerden, und das waren sehr unheilvolle
Ereignisse für die Menschheit. Diese Leute haben
nichts gelernt. Sie schwelgten in falschen Informationen.
Sie wiesen Beweise und die Wahrheit zurück.
Sie mussten gewaltsam beseitigt werden.

Ein Geisteskranker kann nicht lernen.
Er wird von verborgenen bösen Absichten
getrieben oder erdrückt, sodass er nicht mehr
vernünftig denken kann, und Tatsachen,
Wahrheit und Wirklichkeit sind bei weitem
jenseits seiner Reichweite. Er ist die Verkörperung
falscher Informationen. Er kann oder will etwas
nicht wirklich wahrnehmen oder lernen.

Aus der Unfähigkeit oder Weigerung
zu lernen ergibt sich eine Vielzahl
persönlicher und sozialer Probleme.

Manche Menschen Ihrer Umgebung
sind im Leben gescheitert, weil sie nicht wissen,
wie man studiert, und weil sie nicht lernen.
Wahrscheinlich fallen Ihnen hierzu
einige Beispiele ein.

Wenn es nicht gelingt,
Ihre Mitmenschen zum Studieren und
zum Lernen zu bringen, kann Ihre eigene Arbeit
viel schwerer werden, Sie können vielleicht sogar
überlastet werden, und Ihre eigenen
Überlebenschancen werden stark herabgesetzt.

Man kann anderen helfen,
zu studieren und zu lernen – und sei es nur dadurch,
dass man ihnen die Informationen
zur Verfügung stellt,
die sie haben sollten.
Man kann dadurch helfen,
dass man einfach bestätigt,
was sie gelernt haben.
Man kann sie allein durch
Würdigung jeder offensichtlich
verbesserten Kompetenz unterstützen.
Wenn man möchte, kann man
noch mehr tun: Es hilft anderen, wenn man
ihnen – ohne Streitereien – behilflich ist,
falsche Informationen zu klären, ihnen hilft,
Wörter zu finden und aufzuklären,
die sie nicht verstanden haben,
oder ihnen hilft zu entdecken,
warum sie nicht studieren
und lernen können,
und diese Ursachen
zu beseitigen.

Da man im Leben zum Großteil
durch Ausprobieren lernt,
sollte man lieber ergründen,
warum ein Fehler gemacht wurde
und ob der andere nicht daraus lernen kann,
anstatt jemanden wegen eines Fehlers zu schelten.

Hin und wieder mögen Sie dabei eine Überraschung
erleben: Sie haben jemanden nur dazu gebracht,
dass er studiert und lernt, und plötzlich
lösen sich viele Verwirrungen
in seinem Leben.
Sie können sich sicherlich
viele verschiedene Möglichkeiten
dafür ausdenken. Und ich glaube,
Sie werden feststellen,
dass die sanfteren Methoden
am wirksamsten sind.
Für Leute, die nicht lernen können,
sieht die Welt ohnehin schon brutal genug aus.

17-3.
Üben[39] Sie.

Durch Anwendung trägt das Lernen Früchte.
Natürlich kann man die Suche
nach Weisheit als Selbstzweck betrachten:
Es liegt sogar eine gewisse Schönheit darin.
Aber in Wahrheit weiß man nie genau,
ob man weise ist oder nicht,
bis man die Ergebnisse
des Anwendungsversuchs sieht.

Jede Art von Tätigkeit,
Fertigkeit oder Beruf,
sei es das Ausheben von Gräben,
die Rechtswissenschaft,
das Ingenieurwesen,
Kochen oder was auch immer,
muss sich schließlich,
egal, wie gut es studiert wurde,
dem entscheidenden Test stellen:
Kann man es DURCHFÜHREN?
Und dieses Durchführen erfordert *Übung*.

Ein Stuntman, der nicht vorher übt,
verletzt sich. Das gilt auch für eine Hausfrau.

---

39. *üben:* wiederholt ausüben oder durchführen, um eine Fertigkeit zu erwerben oder zu verfeinern.

Sicherheit ist eigentlich kein beliebtes Thema.
Denn meistens verbindet man es mit
guten Ermahnungen wie „Sei vorsichtig" oder
„Geh langsam". Dadurch fühlt man sich
vielleicht eingeschränkt.
Aber es lässt sich auch anders sehen:
Wer wirklich geübt ist, besitzt so viel Geschick
und Gewandtheit, dass er nicht „vorsichtig sein"
oder „langsam gehen" muss.
Sicherheit bei hoher Geschwindigkeit
wird nur durch Übung ermöglicht.

Unsere Geschicklichkeit und Gewandtheit
müssen es mit dem Tempo
unseres Zeitalters aufnehmen können.
Und das erreichen wir durch Übung.

Wir können unsere Augen, unseren Körper,
unsere Hände und Füße trainieren,
bis sie durch Übung sozusagen
„von selbst wissen", was sie tun sollen.
Um den Herd einzuschalten oder den Wagen zu parken,
brauchen wir nicht mehr „nachzudenken":
Wir TUN es einfach. Bei jeder Tätigkeit
ist vieles, was als „Talent" angesehen wird,
in Wirklichkeit einfach *Übung*.

Jede Bewegung, mit der wir etwas tun wollen,
muss vorher durchgegangen und dann
immer wieder ausgeführt werden,
bis wir sie schnell und genau ausführen können,
ohne darüber nachzudenken – sonst können wir
Unfälle heraufbeschwören.

Statistiken lassen darauf schließen,
dass die Ungeübtesten die meisten Unfälle haben.

Derselbe Grundsatz gilt für Tätigkeiten und Berufe,
die vorwiegend geistige Arbeit erfordern.
Der Rechtsanwalt, der das Gerichtsverfahren
nicht immer und immer wieder geübt hat,
hat vielleicht nicht gelernt,
geistig beweglich genug zu sein,
um neuen Wendungen eines Falles
schnell zu begegnen, und verliert den Prozess.
Ein ungeübter neuer Börsenmakler
könnte innerhalb von Minuten
ein Vermögen verlieren.
Ein unerfahrener Vertreter,
der das Verkaufen nicht geübt hat,
kann aus Mangel an Verkäufen hungern.
Die richtige Lösung lautet üben,
üben und nochmals üben!

Manchmal stellt sich heraus,
dass sich das Gelernte nicht anwenden lässt.
Dann hat man entweder nicht richtig studiert
oder der Lehrer bzw. das Lehrbuch war schlecht.
Das Lesen der Anleitungen und der Versuch,
sie anzuwenden, sind manchmal
zwei völlig verschiedene Dinge.

Hin und wieder passiert es,
dass man beim Üben
auf keinen grünen Zweig kommt.
Dann muss man das Buch fortwerfen
und ganz von vorn anfangen.
So war es auf dem Gebiet
der Tonaufnahmen für Filme:
Wenn man sich an die Lehrbücher
für Toningenieure hielte,
würde eine Aufnahme von Vogelgezwitscher
nicht besser klingen als ein Nebelhorn – deshalb
kann man in manchen Filmen nicht verstehen,
was die Schauspieler sagen.
Ein guter Toningenieur musste sich
alles selbst erarbeiten, um seine Aufgabe zu erfüllen.
Aber in der Filmindustrie ist auch das
genaue Gegenteil zu finden:
Es gibt mehrere ausgezeichnete Lehrbücher
über Beleuchtung in der Filmtechnik:
Wendet man sie genau an,
erhält man schöne Szenenaufnahmen.

Es ist bedauerlich – besonders
in einer schnellen,
hoch technisierten Gesellschaft –,
dass nicht alle Tätigkeiten in verständlichen
Lehrbüchern ausreichend beschrieben sind.
Aber das sollte Sie nicht aufhalten.
Gibt es gute Lehrbücher, so schätzen
Sie sie und studieren Sie sie gründlich.
Gibt es keine, so sammeln Sie
alle verfügbaren Informationen,
studieren Sie diese und
erarbeiten Sie sich
den Rest selbst.

Aber Theorie und
Informationen gedeihen nur,
wenn sie angewendet werden,
und zwar mit Übung.

Wir sind in Gefahr,
wenn unsere Mitmenschen
sich in ihren Fertigkeiten nicht üben,
bis sie sie wirklich BEHERRSCHEN.
Es besteht ein gewaltiger Unterschied
zwischen „gut genug" und
professioneller Fertigkeit
und Gewandtheit.
Diese Kluft wird durch
Übung überbrückt.

Bringen Sie
die Leute dazu,
hinzusehen,
zu studieren,
etwas auszuarbeiten
und es dann durchzuführen.
Und wenn sie es richtig machen,
lassen Sie sie üben, üben, üben, bis sie
es professionell tun können.

Es bereitet beträchtliche Freude,
geschickt, gewandt und schnell zu sein:
Risikolos ist dies jedoch nur mit Übung möglich.
Der Versuch, in einer schnelllebigen Welt
mit langsamen Leuten zu leben, ist nicht sehr sicher.

Der Weg zum Glücklichsein lässt sich am besten mit kompetenten Gefährten gehen.

18.
RESPEKTIEREN SIE DIE RELIGIÖSEN ÜBERZEUGUNGEN ANDERER.

Auf dem Grundstein der Toleranz lassen sich gute menschliche Beziehungen aufbauen. Man braucht sich nur das durch religiöse Intoleranz verursachte Morden und Leiden vor Augen zu halten, das sich durch die ganze Geschichte der Menschheit bis zur Gegenwart zieht, um einzusehen, dass Intoleranz sehr überlebensfeindlich ist.

Religiöse Toleranz bedeutet nicht, dass man seinem eigenen Glauben keinen Ausdruck verleihen kann. Es bedeutet jedoch, dass der Versuch, die religiösen Glaubensauffassungen und Überzeugungen anderer zu untergraben oder anzugreifen, immer schnell zu Schwicrigkeiten geführt hat.

Seit den Zeiten der alten Griechen haben sich die
Philosophen untereinander über die Natur Gottes,
des Menschen und des Universums gestritten.
Die Meinungen der Autoritäten kommen und gehen:
Gegenwärtig sind die Philosophien des „Mechanismus"[40]
und des „Materialismus"[41] – die auf das alte Ägypten
und Griechenland zurückgehen – die große Mode:
Sie möchten glauben machen, dass alles Materie sei,
und übersehen dabei, dass dennoch, so schlau
ihre Erklärungen der Evolution auch sein mögen,
zusätzliche Faktoren am Werke sein könnten,
die so etwas wie die Evolution nur benutzen.
Heute stellen sie die „offiziellen" Philosophien dar
und werden sogar in Schulen gelehrt.
Sie haben ihre eigenen Fanatiker, die die
Überzeugungen und Religionen anderer angreifen:
Das Ergebnis kann Intoleranz und Streit sein.

40. *Mechanismus:* die Ansicht, dass alles Leben nur in Bewegung befindliche Materie sei und durch physikalische Gesetze vollständig erklärt werden könne. Vorgebracht von Leukipp und Demokrit (460 V. CHR. bis 370 V. CHR.), die sie vielleicht aus der ägyptischen Mythologie übernommen haben. Vertreter dieser Philosophie waren der Ansicht, sie müssten Religion ausklammern, weil sie sie nicht auf Mathematik zurückführen konnten. Sie wurden von religiösen Interessen angegriffen und griffen ihrerseits Religionen an. Robert Boyle (1627–1691), der das Boyle-Mariotte-Gesetz in der Physik entwickelte, widerlegte sie, indem er die Frage erhob, ob die Natur Gestaltungen wie die in Bewegung befindliche Materie habe oder nicht.
41. *Materialismus:* irgendeine einer Gruppe untereinander verwandter metaphysischer Theorien, bei denen das Universum als etwas betrachtet wird, das aus harten Gegenständen wie großen oder sehr kleinen Steinen besteht. Bei diesen Theorien wird versucht, so etwas wie den Verstand hinwegzuerklären, indem gesagt wird, er könne auf physikalische Dinge oder auf deren Bewegungen reduziert werden. Der Materialismus ist eine sehr alte Vorstellung. Es gibt auch andere Vorstellungen.

Wenn die brillantesten Köpfe
seit dem fünften Jahrhundert v. Chr. oder noch früher
sich über das Thema Religion oder Anti-Religion
nie haben einigen können, so ist dies ein Kampfplatz
der Menschen, dem man besser fernbleibt.

Aus all diesen endlosen Kämpfen
ist ein leuchtender Grundsatz hervorgegangen:
das Recht, sich frei für einen Glauben
zu entscheiden.

„Glaube" und „Überzeugung"
unterliegen nicht unbedingt der Logik:
Man kann sie nicht einmal unlogisch nennen.
Sie können gänzlich verschiedene Dinge sein.

Der sicherste Ratschlag, den man
jemandem auf diesem Gebiet erteilen könnte,
ist der, welcher einfach das Recht betont, sich frei
für einen Glauben zu entscheiden. Es steht einem frei,
seine eigenen Überzeugungen anderen mitzuteilen,
sodass diese sich ihnen anschließen können.
Gefährlich wird es, wenn man die Überzeugungen
anderer anzugreifen versucht, schlimmer noch,
wenn man andere wegen ihrer religiösen Überzeugungen
angreift oder zu schädigen sucht.

Seit seinen frühesten Anfängen hat der Mensch
viel Trost und Freude in seinen Religionen gefunden.
Sogar die „Mechanisten" und „Materialisten"
von heute muten sehr wie die Priester
aus früheren Zeiten an,
wenn sie ihr Dogma verbreiten.

Menschen ohne Glauben
sind eine recht bedauernswerte Gesellschaft.
Man kann ihnen sogar etwas geben,
woran sie glauben können.
Aber wenn sie religiöse Überzeugungen haben,
respektieren Sie diese.

*Auf dem Weg zum Glücklichsein
kann es zu Streitigkeiten kommen,
wenn man die religiösen Überzeugungen
anderer nicht respektiert.*

19.

VERSUCHEN SIE, ANDEREN NICHT ETWAS ANZUTUN, WAS SIE NICHT SELBST ERFAHREN MÖCHTEN.

Seit frühester
Zeit gab es bei vielen Völkern
und in vielen Ländern Versionen
der sogenannten „Goldenen Regel".[42]
Das Obige ist eine Formulierung davon,
die sich auf schädliche Handlungen bezieht.

---

42. *„Goldene Regel"*: Obwohl Christen sie als christliches Gedankengut betrachten, das im Neuen und Alten Testament zu finden ist, haben viele andere Rassen und Völker davon gesprochen. Sie erscheint auch in den Lehren des Konfuzius (5. und 6. Jahrhundert V. CHR.), der wiederum ältere Werke zitierte. Sie findet sich auch bei „primitiven" Stämmen. In der einen oder anderen Form erscheint sie in den klassischen Werken von Plato, Aristoteles, Isokrates und Seneca. Seit Jahrtausenden wurde sie vom Menschen als eine Norm für ethisches Verhalten angesehen. Die Versionen, die in diesem Buch angegeben sind, wurden jedoch neu formuliert, da frühere Formulierungen als zu idealistisch angesehen wurden, um eingehalten werden zu können.
Es ist möglich, die vorliegende Version einzuhalten.

Nur ein Heiliger könnte durchs Leben gehen,
ohne je einem anderen Schaden zuzufügen.
Aber nur ein Verbrecher schädigt seine Mitmenschen,
ohne überhaupt darüber nachzudenken.

Ganz abgesehen von
„Schuldgefühlen", „Scham"
oder „Gewissensbissen",
die alle sehr wirklich
und ziemlich schlimm sein können,
ist zufällig auch wahr,
dass der Schaden,
den man anderen zufügt,
auf einen selbst zurückfallen kann.

Nicht alle schädlichen Handlungen
lassen sich rückgängig machen:
Man kann einem anderen etwas antun,
was sich nicht beiseite schieben
oder vergessen lässt.
Mord gehört dazu.
Bei fast jeder
in diesem Buch enthaltenen Regel
kann man sich ausrechnen,
wie ein schwerer Verstoß dagegen
eine schädliche Handlung sein könnte,
die nicht rückgängig zu machen ist.

Zerstört man das Leben eines anderen,
so kann dies auch das eigene Leben zerstören.
Die Gesellschaft reagiert – Gefängnisse und Anstalten
für Geisteskranke sind voll von Leuten,
die ihren Mitmenschen Schaden zugefügt haben.
Aber es gibt noch andere Strafen:
Ob man erwischt wird oder nicht,
schädliche Handlungen gegen andere können,
besonders wenn sie im Verborgenen geschehen,
zu schwerwiegenden und stets
nachteiligen Veränderungen in der Haltung
anderen und sich selbst gegenüber führen.
Glücklichsein und Freude des Lebens sind dahin.

Diese Version der „Goldenen Regel"
ist auch als Prüfstein brauchbar.
Wenn man jemanden davon überzeugt,
sie anzuwenden, kann er erkennen,
was eine schädliche Handlung wirklich *ist*.
Sie gibt eine Antwort auf die Frage, was *Schaden* ist.
Die philosophische Frage nach *falschem Verhalten,*
der Streit darüber, was falsch ist, wird sofort auf
persönlicher Ebene beantwortet: Möchten Sie nicht,
dass Ihnen das geschähe? Nein? Dann muss es
eine schädliche Handlung und vom Standpunkt
der Gesellschaft aus eine falsche Handlung sein.
Auf diese Weise kann soziales Bewusstsein geweckt
werden. Man kann sich dann erarbeiten,
was man tun und was man nicht tun sollte.

In einer Zeit,
in der so mancher
nicht vor schädlichen Handlungen
zurückschreckt,
sinkt das Überlebenspotenzial
des Einzelnen
auf einen Tiefpunkt.

Gelingt es Ihnen,
Leute zur Anwendung
dieses Prinzips zu bewegen,
so geben Sie ihnen damit eine Regel,
nach der sie ihr eigenes Leben
auswerten können, und manch einem
öffnen Sie die Tür, sodass er
in die menschliche Gemeinschaft
zurückkehren kann.

Der Weg zum Glücklichsein
ist jenen versperrt, die sich nicht vom Begehen
schädlicher Handlungen
zurückhalten.

20.

VERSUCHEN SIE, ANDERE SO ZU BEHANDELN, WIE SIE VON IHNEN BEHANDELT WERDEN MÖCHTEN.

Dies ist
eine positive Version
der „Goldenen Regel".

Seien Sie nicht überrascht,
wenn jemand anscheinend
nicht gerne hört, er solle „gut sein".
Aber der Unmut gilt vielleicht
gar nicht der Vorstellung,
„gut zu sein", sondern kann von einem
Missverständnis dessen kommen,
was „gut sein" bedeutet.

Es gibt viele
widersprüchliche Meinungen
und Verwirrungen darüber,
was „gutes Verhalten" sein könnte.
Vielleicht hat man nie verstanden – selbst wenn
der Lehrer es wusste –, warum man
die jeweilige Note für „Betragen" bekam.
Vielleicht hat man sogar falsche Informationen
dazu erhalten oder übernommen:
„Kinder soll man sehen, aber nicht hören",
„gut sein heißt passiv sein".

Es gibt jedoch eine Möglichkeit,
dies alles zur vollen eigenen
Zufriedenheit aufzuklären.

Zu allen Zeiten und
fast überall hat der Mensch
bestimmte Werte
hochgehalten und geehrt.
Sie heißen Tugenden.[43]
Man schrieb sie
Weisen, Heiligen und Göttern zu.
Hier lag der Unterschied
zwischen einem Barbaren und
einem kultivierten Menschen,
der Unterschied
zwischen Chaos und
einer anständigen
Gesellschaft.

43. *Tugenden:* die idealen Eigenschaften guten menschlichen Benehmens.

Es bedarf
nicht unbedingt
eines göttlichen Auftrages
oder einer langwierigen Suche
in den dicken Bänden der Philosophen,
um zu entdecken, was „gut" ist.
Die Antwort lässt sich
in einem selbst finden.

Fast jeder
kann sie sich
erarbeiten.

Wenn man sich überlegt,
wie man selbst von anderen
behandelt werden wollte, kommt man
auf die menschlichen Tugenden.
Stellen Sie sich einfach vor,
wie *Sie* von anderen
behandelt werden wollten.

Als Erstes möchten Sie vielleicht
gerecht behandelt werden:
Sie möchten nicht,
dass Lügen über Sie verbreitet,
dass Sie falsch oder hart
verurteilt würden.
Richtig?

Wahrscheinlich möchten Sie,
dass Ihre Freunde und
Gefährten *treu* sind:
Sie möchten nicht,
dass sie Sie verraten.

Sie könnten *fair* behandelt,
nicht hereingelegt
oder hintergangen
werden wollen.

Sie möchten,
dass die Leute sich
Ihnen gegenüber *anständig* verhalten.
Sie möchten, dass sie *ehrlich*
mit Ihnen sind
und Sie nicht betrügen.
Nicht wahr?

Vielleicht möchten Sie
gütig und ohne Grausamkeit
behandelt werden.

Möglicherweise möchten Sie,
dass die Leute auf
Ihre Rechte und Gefühle
Rücksicht nehmen.

Wenn es Ihnen nicht gutgeht,
möchten Sie vielleicht,
dass andere *Mitgefühl* haben.

Sie möchten wahrscheinlich,
dass andere *Selbstbeherrschung* zeigen,
anstatt Sie anzufahren.
Richtig?

Wenn Sie Mängel oder
Schwächen hätten,
wenn Sie einen Fehler machten,
möchten Sie vielleicht,
dass die Leute
tolerant wären
und Sie nicht
kritisieren würden.

Anstatt sich auf
Tadel und Bestrafung
zu konzentrieren,
sollten die Menschen
lieber *vergeben*.
Nicht wahr?

Sie möchten vielleicht,
dass Menschen Ihnen gegenüber
wohlwollend sind, nicht gemein oder geizig.

Möglicherweise haben Sie den Wunsch,
dass andere Ihnen *vertrauen*
und Ihnen nicht bei jeder Gelegenheit misstrauen.

Wahrscheinlich ist Ihnen *Respekt*
lieber als Beleidigungen.

Möglicherweise möchten Sie,
dass andere Ihnen gegenüber *höflich* sind
und Sie mit *Würde* behandeln.
Richtig?

Vielleicht haben Sie es gern,
bewundert zu werden.

Wenn Sie etwas für andere tun,
wollen Sie vielleicht,
dass sie Sie *wertschätzen*.
Nicht wahr?

Wahrscheinlich möchten Sie,
dass andere *freundlich*
zu Ihnen sind.

Von einigen
möchten Sie
vielleicht *Liebe.*

Und vor allem
möchten Sie nicht,
dass diese Leute
das alles
nur vortäuschen;
Sie möchten,
dass sie es wirklich
so meinen
und in ihrem Tun
aufrichtig sind.

Möglicherweise
könnten Sie
diese Liste
noch erweitern.
Und dann
gibt es noch
die Regeln
in diesem Buch.
Aber mit dem Obigen
hätten Sie eine Zusammenfassung
der sogenannten *Tugenden*.

Man braucht seine Fantasie
nicht besonders anzustrengen,
um zu erkennen,
dass das Leben sehr angenehm
verlaufen würde,
wenn unsere Mitmenschen
uns normalerweise so behandelten.
Und es ist zweifelhaft,
ob wir gegen Menschen,
die uns so behandelten,
viel Erbitterung
hegen würden.

In menschlichen Beziehungen
ist ein interessantes Phänomen[44] am Werk.
Wenn einer den anderen anschreit,
hat dieser den Drang zurückzuschreien.
Man wird ziemlich genauso behandelt,
wie man andere behandelt:
Tatsächlich gibt man ein Beispiel dafür,
wie man behandelt werden sollte.
A ist gemein zu B, also ist B gemein zu A.
A ist freundlich zu B, also ist B freundlich zu A.
Gewiss haben Sie diesen Mechanismus
immer wieder beobachten können.
Georg hasst alle Frauen,
also neigen Frauen dazu,
Georg zu hassen.
Karl ist zu jedem grob,
also neigen andere dazu,
zu Karl grob zu sein – und wagen sie nicht,
das offen zu tun, so hegen sie vielleicht insgeheim
den Wunsch, zu Karl wirklich sehr grob zu sein,
sollte sich je die Gelegenheit dazu bieten.

---

44. *Phänomen:* eine beobachtbare Tatsache oder ein Geschehnis.

In der Fantasiewelt der Romane und Filme
sieht man höfliche Schurken
mit unglaublich tüchtigen Verbrecherbanden
und einsame Helden, die richtige Rüpel[45] sind.
Die Wirklichkeit des Lebens ist anders:
Echte Schurken sind meist ziemlich rohe Gesellen,
und ihre Handlanger sind noch schlimmer.
Napoleon und Hitler wurden von
ihren eigenen Leuten nach Strich und Faden betrogen.
Wahre Helden sprechen leiser als alle,
die Ihnen je begegnet sind,
und sie sind sehr höflich zu ihren Freunden.

Wenn man das Glück hat,
Männern und Frauen im Gespräch zu begegnen,
die in ihrem Beruf an der Spitze stehen,
so fällt einem oft auf, dass sie zu den
freundlichsten Menschengehören,
die man je kennengelernt hat.
Das ist einer der Gründe dafür,
dass sie an der Spitze stehen:
Die meisten von ihnen versuchen,
andere gut zu behandeln.
Und die Menschen ihrer Umgebung
sprechen darauf an und neigen auch dazu,
sie gut zu behandeln und ihnen sogar
ihre wenigen Schwächen zu verzeihen.

---

45. *Rüpel:* jemand mit rohen, taktlosen Manieren, der ziemlich unkultiviert ist.

In Ordnung: Man kann sich also
die menschlichen Tugenden selbst erarbeiten,
indem man sich einfach darüber klar wird,
wie man selbst behandelt werden möchte.
Und damit wären – dem werden Sie wohl
zustimmen – alle Verwirrungen darüber beseitigt,
was „gutes Verhalten" wirklich ist.
Es ist weit davon entfernt, dass man passiv ist,
die Hände in den Schoß legt und nichts sagt.
„Gut sein" kann eine sehr aktive
und einflussreiche Kraft sein.

In düsterer, verhaltener Feierlichkeit
ist wenig Freude zu finden.
Wenn in alter Zeit ein trübes und trauriges Leben
manchmal als notwendige Voraussetzung
für Tugendhaftigkeit dargestellt wurde, nahm man an,
dass alles Vergnügen aus Sündhaftigkeit entspringe:
Nichts entspricht den Tatsachen weniger als dies.
Freude und Vergnügen entstammen *nicht* der Unmoral!
Ganz im Gegenteil! Nur ehrliche Menschen erleben
Freude und Vergnügen:
Die unmoralischen Menschen
führen ein unglaublich tragisches Leben
voller Leid und Schmerz.
Die menschlichen Tugenden
haben wenig mit Düsterkeit zu tun.
Sie sind die helle Seite des Lebens selbst.

Was würde wohl geschehen,
wenn man versuchte,
seine Mitmenschen
folgendermaßen
zu behandeln, mit
Gerechtigkeit,
Treue,
Fairness,
Anständigkeit,
Ehrlichkeit,
Güte,
Rücksichtnahme,
Mitgefühl,
Selbstbeherrschung,
Toleranz,
Vergebung,
Wohlwollen,
Vertrauen,
Respekt,
Höflichkeit,
Würde,
Bewunderung,
Freundlichkeit,
Liebe,
und zwar
in *aufrichtiger* Weise?

Vielleicht würde es eine Weile dauern,
aber meinen Sie nicht auch,
dass viele andere schließlich den Versuch machen
würden, einen ebenso zu behandeln?

Selbst wenn es
gelegentliche Entgleisungen
gäbe – die Schreckensnachricht,
die einem schier den Verstand raubt;
der Einbrecher, dem man
eins über den Schädel schlagen muss;
der Idiot, der auf der Überholspur langsam fährt,
wenn man zur Arbeit muss und schon
spät dran ist –, so sollte doch ziemlich klar sein,
dass man sich auf eine neue Ebene
menschlicher Beziehungen hinaufschwänge.
Das eigene Überlebenspotenzial
würde beträchtlich steigen.
Und gewiss hätte man
ein glücklicheres Leben.

Man *kann* das Verhalten
seiner Mitmenschen beeinflussen.
Wenn man noch nicht so ist,
kann es dadurch viel leichter werden,
dass man einfach jeden Tag
eine Tugend auswählt
und sich an diesem Tag
darauf konzentriert.
So erwirbt man sie
nach und nach alle.

Ganz abgesehen
vom persönlichen Gewinn
kann man einen – ganz gleich
wie geringen – Beitrag leisten,
um ein neues Zeitalter für
menschliche Beziehungen
einzuleiten.

Der Stein,
der in einen Teich
geworfen wird,
kann Kreise ziehen,
die bis zum entferntesten Ufer reichen.

Der Weg zum Glücklichsein
wird viel strahlender,
wenn man die Regel anwendet:
„Versuchen Sie, andere so zu behandeln,
wie Sie von ihnen behandelt werden möchten."

21.

SEIEN SIE AKTIV[46] UND ERFOLGREICH.[47]

*M*anchmal
versuchen andere, einen niederzudrücken,
die eigenen Hoffnungen und Träume,
seine Zukunft und einen selbst
zunichte zu machen.

Jemand, der böse Absichten
gegen einen hegt, kann durch Spott
und viele andere Mittel versuchen,
den eigenen Niedergang herbeizuführen.

---

46. *aktiv:* in einem Zustand der Tätigkeit und Produktion; mit zunehmendem Einfluss; gedeihend; sichtbar in guter Verfassung.
47. *erfolgreich:* Gelingen in wirtschaftlicher Hinsicht aufweisend; von Gelingen bei dem, was man tut, gekennzeichnet.

Das Bestreben,
sich selbst zu verbessern,
im Leben glücklicher zu werden,
kann – aus welchen Gründen
auch immer – zur Zielscheibe
von Angriffen werden.

Manchmal muss man
solchen Angriffen
direkt begegnen.
Aber es gibt
eine langfristige Abwehr,
die selten versagt.

Was genau versuchen
solche Menschen
einem eigentlich anzutun?
Sie versuchen,
einen herabzusetzen
und kleiner zu machen.

Sie müssen die Vorstellung haben,
dass man ihnen in irgendeiner Weise gefährlich ist:
dass man eine Bedrohung für sie sein könnte,
wenn man es in der Welt zu etwas brächte.
Also versuchen sie auf allerlei Weise,
die eigenen Talente und Fähigkeiten
zu unterdrücken.

Die Überlegungen
einiger Verrückter
verlaufen sogar
in folgenden Bahnen:
„Wenn A erfolgreicher wird,
könnte er eine Bedrohung
für mich darstellen;
daher muss ich alles
in meiner Macht Stehende tun,
damit A weniger erfolgreich ist."
Solchen Leuten scheint es niemals
in den Sinn zu kommen,
dass sie sich A damit
zum Feind machen könnten,
obwohl er es vorher nicht war.
Das ist für solche Verrückte
ein fast sicherer Weg ins Unglück.
Manche tun es nur aus
Voreingenommenheit
oder weil sie
„jemanden nicht mögen".

Aber ganz gleich,
wie es versucht wird – das
wahre Ziel dieser Leute ist,
ihr Opfer kleiner zu machen,
sodass es im Leben scheitert.

Um mit einer solchen Situation
und mit solchen Leuten
wirklich fertig zu werden
und sie schließlich zu besiegen,
gibt es nur eines:
aktiv und erfolgreich sein.

Oh ja, es ist wahr,
solche Leute können wild werden
und noch härter angreifen,
wenn sie sehen,
dass man sein Schicksal
zum Besseren wendet.
Befassen Sie sich mit ihnen,
wenn Sie es müssen,
aber hören Sie nicht auf,
aktiv und erfolgreich zu sein;
denn dass Sie aufgeben,
wollen diese Leute ja gerade.

Wenn Sie immer aktiver
und erfolgreicher werden,
geben diese Leute es schließlich auf
und es kann so weit kommen,
dass sie Sie ganz in Ruhe lassen.

GLÜCKLICHSEIN

Wenn die
eigenen Ziele im Leben
lohnenswert sind, wenn man sie
unter einer gewissen Beachtung
der Regeln in diesem Buch verfolgt,
wenn man aktiv und erfolgreich ist,
wird man gewiss am Ende als Sieger dastehen.
Und hoffentlich, ohne jemandem auch
nur ein Haar zu krümmen.

Das wünsche ich Ihnen:
Seien Sie aktiv und erfolgreich!

NACHWORT

*G*lück liegt im
Tätigsein für lohnenswerte Ziele.
Aber es gibt nur einen Menschen,
der mit Sicherheit sagen kann,
was einen glücklich macht: Sie selbst.

Die in diesem Buch angegebenen Regeln
sind in Wirklichkeit die Straßenränder:
Überschreiten Sie sie, so gleichen Sie dem Autofahrer,
der auf den Graben zurast – das Ergebnis
kann die Zerstörung eines Augenblicks,
einer Beziehung, eines Lebens sein.

Nur Sie können sagen, wohin die Straße führt,
denn man steckt sich Ziele für die nächste Stunde,
für eine Beziehung, für einen Lebensabschnitt.

Manchmal kann man sich wie
ein wirbelndes Blatt fühlen,
das der Wind eine schmutzige Straße entlangbläst;
man kann sich wie ein Sandkorn fühlen,
das irgendwo feststeckt. Aber niemand
hat behauptet, das Leben sei etwas Ruhiges
und Geordnetes: Das ist es nicht.
Man ist weder ein zerrissenes Blatt noch ein Sandkorn:
Man kann sich seinen Weg mehr oder weniger
aufzeichnen und ihm folgen.

Man meint vielleicht, die Dinge lägen nun so,
dass es viel zu spät sei, irgendetwas zu unternehmen;
dass der bisherige Weg so verworren sei,
dass keine Chance mehr bestehe,
einen für die Zukunft aufzuzeichnen, der anders wäre:
Aber es gibt immer eine Stelle auf dem Weg,
an der man einen neuen aufzeichnen kann.
Und man sollte versuchen, ihm zu folgen.
Es gibt keinen lebenden Menschen,
der nicht einen neuen Anfang machen könnte.

Es lässt sich mit völliger Gewissheit sagen,
dass andere einen vielleicht verspotten werden
und mit verschiedenen Mitteln versuchen mögen, einen
in den Graben zu befördern,
dass sie auf verschiedene Weise versuchen werden,
einen zu einem unmoralischen Leben zu verführen:
Alle diese Leute verfolgen dabei ihre eigenen Ziele,
und wenn man auf sie hört,
wird man in Unglück und Kummer enden.

Natürlich wird man gelegentlich Rückschläge erleiden
bei dem Versuch, dieses Buch anzuwenden
und andere zu seiner Anwendung zu bewegen.
Man sollte daraus einfach lernen
und den Weg beharrlich weitergehen.
Wer sagte, der Weg habe keine Unebenheiten?

Man kann ihn dennoch gehen.
Mancher mag hinfallen:
Aber das heißt nicht,
dass er nicht wieder aufstehen
und weitergehen kann.

Wenn man die Straßenränder im Auge behält,
kann man kaum fehlgehen.
Echte Faszination, Glücklichsein und Freude
entstammen anderen Quellen
als zerbrochenen Leben.

Wenn Sie andere dazu bewegen können,
diesem Weg zu folgen,
werden Sie selbst genügend Freiheit haben,
um entdecken zu können,
was wirkliches Glück ist.

*Der Weg zum Glücklichsein ist für jene,
die wissen, wo die Ränder sind,
eine Schnellstraße.*

Sie sind der Fahrer.

Gute Fahrt!

HERAUSGEBER-GLOSSAR
VON WÖRTERN, FACHAUSDRÜCKEN UND WENDUNGEN

Wörter besitzen oft mehrere Bedeutungen. Die hier benutzten Definitionen geben nur die Bedeutungen an, die das Wort gemäß seiner Verwendung in diesem Buch hat. Neben jeder Definition finden Sie die Seite, auf der das Wort zum ersten Mal erscheint, sodass Sie, wenn Sie möchten, im Text nachsehen können. Definitionen, die im gesamten Buch als Fußnoten erscheinen, wurden vom Verfasser geschrieben und sind zum leichteren Nachsehen nachfolgend beigefügt.
— Die Herausgeber

abgetragen: (von einer Schuld, Verpflichtung, Verbindlichkeit usw.) entbunden oder befreit, indem man bezahlt oder irgendeine Aufgabe erfüllt. Seite 104.

abhalten: verhindern oder abraten. (Aus der *Fußnote des Verfassers*.) Seite 20.

Absichten: Verhalten oder Einstellung gegenüber anderen; Haltung. „Menschen, die gute Absichten haben", sind traditionsgemäß solche, die es mit ihren Mitmenschen gut meinen und sich dafür einsetzen, ihnen zu helfen. (Aus der *Fußnote des Verfassers*.) Seite 69.

achten auf: Verantwortung für die Unterstützung, Behandlung oder Erhaltung von etwas oder jemandem übernehmen; sich um die Sicherheit oder das Wohlbefinden kümmern, wie in *„Achten Sie auf sich"*. Seite 13.

Achtung: höfliche, respektvolle Rücksicht auf jemand anderen; höflicher Respekt, vor allem, indem man die Interessen eines anderen an die erste Stelle setzt. Seite 39.

Ahndung: Bestrafung (eines Vergehens usw.). Seite 54.

aktiv: in einem Zustand der Tätigkeit und Produktion; mit zunehmendem Einfluss; gedeihend; sichtbar in guter Verfassung. (Aus der *Fußnote des Verfassers*.) Seite 195.

allerlei: viele verschiedene Arten von; alle möglichen. Seite 100.

andererseits: Verwendet, um auf zwei gegensätzliche Seiten eines Themas hinzuweisen; im Gegensatz, gegensätzlich. Seite 64.

anfahren: (jemanden oder etwas) sehr stark kritisieren; heftig angreifen. Seite 172.

Anfängen, seit den frühesten: seit dem ersten Erscheinen oder dem Beginn der Menschheit auf der Erde. Seite 155.

Anflug (von Geisteskrankheit): ein Element im Charakter eines Menschen, besonders eines, das nur gelegentlich offensichtlich ist und im Widerspruch zu anderen Merkmalen steht. Seite 94.

angeboren: in jemandes innerem Wesen wie ein dauerhaftes und untrennbares Element, Merkmal oder eine solche Qualität vorhanden. Seite 33.

Angehörige des öffentlichen Dienstes: diejenigen, die bei der Regierung für Tätigkeiten angestellt sind, die zum Nutzen oder zum Gebrauch durch die allgemeine Öffentlichkeit bestimmt sind, wie zum Beispiel in Schulen, öffentlichen Krankenhäusern, öffentlichen Transportsystemen, Bauprojekten oder Ähnlichem. Seite 69.

angelegt, darauf: für einen bestimmten Zweck gemacht oder darauf zugeschnitten. Seite 34.

angesichts: wenn man etwas gegenübersteht. Seite 59.

Anprangerung: Spott, öffentliche Verachtung, Hohn oder Beschimpfung. (Aus der *Fußnote des Verfassers*.) Seite 58.

an sich reißen: (z. B. die Macht oder Rechte eines anderen) mit Gewalt und auf ungerechte oder illegale Weise ergreifen und behalten. Seite 63.

Anstalten für Geisteskranke: Institutionen für die Betreuung von Leuten, die für „geisteskrank" gehalten werden, z. B. weil sie sich selbst oder anderen Schaden zugefügt haben. Seite 161.

ansteckend: (von einer Krankheit) von einem zum anderen übertragbar. Seite 13.

Aristokratie: Regierungsform, bei der einige wenige mit speziellen Vorrechten, Rängen oder Positionen die Herrschaft innehaben; Herrschaft durch eine kleine Elite, die über dem allgemeinen Gesetz steht; eine Gruppe, die durch Geburt oder Position „über allen anderen steht" und Gesetze erlassen oder auf andere anwenden kann, sich selbst jedoch nicht den Gesetzen unterworfen fühlt. (Aus der *Fußnote des Verfassers*.) Seite 60.

Aristoteles: (384–322 V. CHR.) griechischer Philosoph, Erzieher und Wissenschaftler, der als der gelehrteste und kenntnisreichste altgriechische Philosoph gilt. In seinen Werken werden alle Bereiche menschlichen Wissens behandelt, die zu seiner Zeit bekannt waren, u. a. Logik, Ethik, Naturwissenschaften und Politik. Seite 159.

auf die Dauer: eine längere Zeit in die Zukunft hineinreichend; am Ende. Seite 34.

Auftrag, göttlicher: Ein *Auftrag* ist eine Anordnung, Unterweisung oder ein Befehl mit Autorität. Ein *göttlicher Auftrag* wäre eine Anweisung oder ein Befehl, die oder der von einem Gott kommt. Seite 168.

Augen, aus den ... verlieren: vergessen, nicht beachten oder ignorieren. Seite 60.

auseinandersetzen, sich: zu verstehen beginnen und direkt oder entschlossen damit umgehen. Seite 132.

Ausflüchte: heimliche, gewöhnlich unehrliche Methoden des Verhaltens oder Tuns; Handlungen, die dazu bestimmt sind, etwas zu verstecken, zu vermeiden oder davor zu fliehen. Seite 39.

ausgeliefert: ohne jeden Schutz; völlig in der Macht von jemandem oder etwas oder ihnen gegenüber hilflos. Seite 54.

ausgeschlossen (von): in einen Zustand der Trennung oder Isolierung von etwas oder jemandem gebracht. Seite 100.

ausgesetzt sein, etwas: preisgegeben oder ohne angemessenen Schutz vor Gefahr oder Schaden gelassen. Seite 58.

Ausprobieren: der Vorgang, wiederholte Versuche oder Tests durchzuführen und die verwendeten Methoden aufgrund der Fehler, die gemacht wurden, zu verbessern, bis das richtige Ergebnis erreicht wird. Seite 138.

ausschließen: etwas als Möglichkeit ausscheiden. Seite 53.

B

Bände: Bücher, besonders große, schwere, über ernsthafte Fachgebiete. Seite 168.

Barbar: eine unzivilisierte Person, ein kulturloser, unkultivierter, ungebildeter Mensch. Seite 167.

Barbarei: Verhalten eines *Barbaren,* eines kulturlosen, unkultivierten, ungebildeten Menschen. Bezeichnet auch das Merkmal von Leuten, die zu einer wilden oder grausamen Gruppe oder Gesellschaft gehören. Seite 76.

Baustein, stabiler: wörtlich, ein großer Block aus hartem Material, der zum Bauen von Häusern und anderen großen Gebäuden verwendet wird. Daher alles, was als Grundeinheit eines Bauwerks betrachtet wird, wie zum Beispiel ein Element oder Bestandteil, das oder der zum Wachstum oder der Entwicklung von etwas beiträgt. Seite 98.

bedauernswert: in einem schlechten oder Mitleid erregenden Zustand; wertlos oder von geringem Wert. Seite 156.

Bedingungen: Auflagen, Begrenzungen oder Einschränkungen, die mit etwas, wie zum Beispiel einer Vereinbarung, Beziehung usw. verbunden sind. Seite 78.

Bedrohung: etwas, durch das die Verursachung von Bösem, Schaden, Verletzung usw. droht. Seite 44.

beeinflussen: einen Einfluss auf etwas haben. (Aus der *Fußnote des Verfassers.*) Seite 43.

beiseite schieben: aus den Überlegungen oder aus dem Gesprächsthema ausscheiden oder entfernen. Seite 160.

Beispiel: jemand oder etwas, die es wert sind, nachgeahmt oder imitiert zu werden; ein Muster, ein Modell. (Aus der *Fußnote des Verfassers.*) Seite 43.

Beitrag leisten: teilnehmen oder beteiligt sein, wie in „*Ganz abgesehen vom persönlichen Gewinn kann man einen – ganz gleich wie geringen – Beitrag leisten, um ein neues Zeitalter für menschliche Beziehungen einzuleiten*". Seite 191.

beteiligt: in eine Vereinbarung oder Handlung einbezogen, wie zum Beispiel an einem Verbrechen teilzunehmen oder jemandem bei einem Verbrechen zu helfen. Seite 59.

beträchtlich: groß in Menge, Ausmaß oder Maß. Seite 53.

Beute: gestohlenes Geld oder Wertsachen, oft mit Gewalt oder Zwang genommen. Seite 92.

beweglich sein, geistig: bei der Lösung eines Problems oder einer Situation seine Vorstellungen, geistige Herangehensweise usw. ändern. Seite 144.

Börsenmakler: jemand, der als Händler beim Kauf und Verkauf von Aktien auftritt. (Um Geld zu beschaffen, verkaufen Firmen, Aktiengesellschaften usw. *Aktien,* die gleichen Firmenanteilen entsprechen; *Wertpapiere* sind Anteile, die jemand an einer Firma gekauft hat. Wenn die Firma Fortschritte macht, dann steigt der Geldwert der Aktien oder Wertpapiere. Wenn es ihr wirtschaftlich schlechter geht, dann sinkt der Geldwert der Aktien oder Wertpapiere.) Seite 144.

Bosheit: ein Verlangen, anderen zu schaden oder andere leiden zu sehen. Seite 50.

Boyle-Mariotte-Gesetz: ein Gesetz, das besagt, dass der Druck von Gas bei einer gleichbleibenden Temperatur ansteigt, wenn der Rauminhalt verringert wird. Wenn ein Gas (wie zum Beispiel normale Luft) beispielsweise in einen Behälter gefüllt wird, hängen sein Rauminhalt (wie viel Raum es einnimmt) und der Druck, den es gegen die

Innenwände des Behälters ausübt, miteinander zusammen. Wenn der Rauminhalt verringert wird, indem man die Luft in einen kleineren Raum drückt, steigt der Druck an. Wenn der Rauminhalt größer wird, indem man zum Beispiel dieselbe Menge Luft in einen größeren Behälter füllt, ist der Druck geringer. Das Boyle-Mariotte-Gesetz ist nach dem irischen Physiker Robert Boyle (1627–1691) benannt, der es 1662 formulierte, und nach dem französischen Physiker Edme Mariotte (ca. 1620–1684), der es 16 Jahre später unabhängig von Boyle entdeckte. Seite 152.

Buddhismus: eine Weltreligion, die auf den Lehren von Siddhartha Gautama Buddha (563–483? v. Chr.) beruht und in der behauptet wird, dass ein Zustand der Erleuchtung erreicht werden kann, indem man weltliche Wünsche überwindet. Buddha bedeutet „der Erleuchtete". Seite 26.

chaotisch: das Wesen oder die Eigenart völliger Unordnung oder Verwirrung aufweisend. (Aus der *Fußnote des Verfassers.*) Seite 7.

Civilian Conservation Corps: (Ziviler Arbeitsdienst zur Erhaltung der Natur) in den dreißiger Jahren in den USA organisiertes Projekt, um die Arbeitskraft der arbeitslosen Offiziere und der Jugend zu nutzen, die Gärten, Parks und Wälder instand hielten, Abfall sammelten usw. Seite 86.

Dauer, auf die: eine längere Zeit in die Zukunft hineinreichend; am Ende. Seite 34.

dekadent: weit unter die gewöhnlichen Normen des zivilisierten Lebens und Verhaltens gesunken. Seite 76.

Demokrit: (460–370 V. CHR.) griechischer Philosoph, der die Atomtheorie des Universums entwickelte, die von seinem Lehrer, dem Philosophen Leukipp, stammt. Gemäß Demokrit besteht alles aus winzigen, unsichtbaren, unzerstörbaren Teilchen reiner Materie, die sich für ewig im unendlichen, leeren Raum umherbewegen. Demokrit glaubte, dass unsere Welt aus der zufälligen Kombination von Atomen entstand. Seite 152.

dienen, ihren eigenen Zwecken: ihre eigenen beabsichtigten oder erwünschten Ergebnisse fördern oder voranbringen, ohne auf andere Rücksicht zu nehmen. *Zwecke* bedeutet die Ziele, auf die man hinarbeitet oder die man erreichen möchte. *Dienen* bedeutet, die Interessen von jemandem zu unterstützen oder sie zu fördern. Seite 124.

Diktator: ein Herrscher, dessen Wort Gesetz ist, der völlige, unbeschränkte Kontrolle in einer Regierung hat und bezeichnenderweise mit harten oder grausamen Aktionen und unbarmherziger Unterdrückung der Opposition regiert. Seite 64.

Dilemma: eine Situation, in der man eine schwierige Wahl zwischen zwei oder manchmal mehr als zwei Aktionen zu treffen hat, von denen keine eine zufriedenstellende Lösung zu sein scheint. Seite 106.

Dogma: eine Reihe von Überzeugungen, Meinungen, Grundsätzen usw., die aufgeschrieben und für wahr gehalten werden. Sie können nicht hinterfragt werden. Vom griechischen Wort *dogma*, Meinung. Seite 155.

Durcheinander: aufgeregte und lärmende Tätigkeit, Verwirrung oder Unordnung. Seite 59.

E

ehren: Respekt zeigen; mit Achtung und Höflichkeit behandeln. (Aus der *Fußnote des Verfassers*.) Seite 39.

Einfluss: die sich ergebende Wirkung. (Aus der *Fußnote des Verfassers*.) Seite 43.

eingehen: sich an etwas binden, sich auf etwas einlassen (gewöhnlich nichts Wünschenswertes); mit etwas, wie z. B. einer Schuld, belastet werden. Seite 103.

eingestellt: ausgerüstet oder angepasst, um es für einen bestimmten Zweck oder eine Situation passend zu machen. Seite 59.

einprägen, sich: etwas gut genug lernen, um sich genau daran zu erinnern. Seite 128.

elend: extrem schlecht oder unerfreulich, erbärmlich. Seite 92.

Empfehlungen: etwas, wie zum Beispiel eine Handlungsweise, zu der geraten wird oder die als angemessen, nützlich oder Ähnliches vorgeschlagen wird. Seite 43.

entledigen, sich: sich (von einer Schuld, Verpflichtung, Verbindlichkeit usw.) entbinden oder befreien, indem man bezahlt oder irgendeine Aufgabe erfüllt. Seite 104.

Entwicklungsgeschichte: eine sehr alte Theorie, dass sich alle Pflanzen und Tiere aus einfacheren Formen entwickelten und eher durch ihre Umgebung geformt als geplant oder erschaffen wurden. (Aus der *Fußnote des Verfassers*.) Seite 30.

Erbitterung: ein Gefühl starker Abneigung oder aktiven Hasses. Seite 183.

erfolgreich: Gelingen in wirtschaftlicher Hinsicht aufweisend; von Gelingen bei dem, was man tut, gekennzeichnet. (Aus der *Fußnote des Verfassers*.) Seite 195.

ersticken, mit zu viel Liebe: jemandem zu viel Gefühl, Zuneigung, Liebe usw. geben, sodass sein Ausdruck eingeschränkt, unterdrückt oder verhindert wird. Seite 32.

es in der Welt zu etwas bringen: wichtiger, erfolgreicher oder wohlhabender in der Gesellschaft werden. Seite 196.

Fairness: angemessenes Verhalten nach Prinzipien fairen (ehrlichen, anständigen) Benehmens, Beachtung von Regeln, Achtung für andere, gute Gemütsruhe beim Verlieren usw. Seite 188.

Fall/Fälle: 1. der tatsächliche Stand von etwas, wie in *„Gegenwärtig ist das nicht der Fall, und es ist auch fraglich, ob es jemals so war"*. Seite 24.
2. ein Vorkommen von etwas; ein Auftreten; ein Beispiel, wie in *„einige sogar als Drogensüchtige: Solche Fälle sind jedoch ungewöhnlich und selten"*. Seite 32.
3. eine Angelegenheit, die bei einem Gerichtsprozess untersucht oder verhandelt wird, wie in *„Der Rechtsanwalt, der das Gerichtsverfahren nicht immer und immer wieder geübt hat, hat vielleicht nicht gelernt, geistig beweglich genug zu sein, um neuen Wendungen eines Falles schnell zu begegnen, und verliert den Prozess"*. Seite 144.

falsches Zeugnis ablegen: lügen oder etwas Falsches aussagen, während man unter Eid oder vor Gericht steht; falsch darlegen. Seite 50.

Fanatiker: Leute, die übertriebene Begeisterung für und Hingabe an etwas, einen Glauben oder ein Thema zeigen und entschlossen versuchen, dies zu fördern. Seite 152.

Feierlichkeit: Zustand oder Charakter, sehr ernst zu sein; Mangel an Freude oder Humor. Seite 187.

Filmtechnik: Fertigkeit oder Kunst der Filmfotografie und -herstellung. Seite 146.

Firmen-: wird in Wortzusammensetzungen verwendet, um sich auf ein Unternehmen oder ein Geschäft zu beziehen. Seite 59.

fleißig: sich selbst mit Energie Studium oder Arbeit widmend; aktiv und zielstrebig Dinge erledigend; das Gegenteil davon, untätig zu sein und nichts zu erreichen. (Aus der *Fußnote des Verfassers.*) Seite 111.

Formel(n): in der Mathematik eine Regel oder ein Grundsatz, die/der durch Symbole, Zahlen oder Buchstaben dargestellt wird, wobei oft etwas einem anderen entspricht. Beispiel: Um die Fläche eines Rechteckes zu berechnen (z. B. eines Teppichs), benutzt man die Formel A x B = C, wobei A für die Länge steht, B für die Breite und C für die Fläche. Seite 128.

freistehen, jemandem: jemandem überlassen, zu tun oder zu sein, wie bestimmt; jemandem ohne Vorbehalte erlaubt sein. Seite 155.

Früchte tragen: das Ergebnis oder die Wirkung bringen, das oder die beabsichtigt oder gewünscht war. *Tragen* bedeutet hervorbringen oder produzieren, wie durch natürliches Wachstum, und *Früchte* bedeutet das, was produziert wird, ein Ergebnis, eine Wirkung oder Folge. Seite 140.

führen zu: nach oder wegen einer Handlungsweise in eine bestimmte Situation kommen; enden. Seite 20.

G

geehrt: tiefen Respekt oder Bewunderung für (etwas) empfinden. Seite 167.

gefährden: jemanden der Gefahr aussetzen, geschädigt, verletzt oder vernichtet zu werden. Seite 16.

Gefallen: Arbeit, die man für jemanden leistet, um ihm zu helfen oder als Gefälligkeit. Seite 104.

Geisteswissenschaften: die Lehrbereiche, die sich mit menschlichem Denken und menschlichen Beziehungen befassen, besonders Literatur, Philosophie, Geschichte usw., im Unterschied zu den Naturwissenschaften. Seite 117.

geistig beweglich sein: bei der Lösung eines Problems oder einer Situation seine Vorstellungen, geistige Herangehensweise usw. ändern. Seite 144.

geliefert sein: sich in einem Zustand befinden, dem nicht mehr abgeholfen, der nicht mehr repariert oder gerettet werden kann; wenn ein (unvorteilhaftes) Ergebnis endgültig entschieden ist. Seite 82.

gescheitert: nicht im richtigen, normalen oder gewöhnlichen Zustand; nicht richtig funktionierend, arbeitend oder handelnd. Seite 136.

Geschenk des Himmels: ein Geschenk, das der Menschheit von einer göttlichen Macht oder Quelle gewährt wird. Folglich etwas sehr Besonderes, Bedeutsames oder Wichtiges. Seite 118.

Gesetzbücher: systematisch angeordnete und sehr sorgfältige Sammlungen von Gesetzen, Regeln oder Vorschriften. Seite 57.

gesetzgebende Gremien: Gruppen von Leuten, die gewöhnlich gewählt werden und die Verantwortung und Autorität haben, für ein Land oder einen Staat Gesetze zu erlassen, zu verändern oder aufzuheben. Seite 57.

Gestrüpp: raue, dornige Reben oder Sträucher. Seite 130.

Gewaltherrschaft: eine Regierung, bei der ein einzelner Herrscher die absolute Macht hat und sie ungerecht oder grausam verwendet. Seite 67.

gewandt: Geschick und Klugheit zeigend. Auch geschickt und schnell in seinen Bewegungen. Seite 122.

Gewandtheit: Geschick und Leichtigkeit bei körperlicher Bewegung, besonders beim Gebrauch der Hände. Auch geistiges Geschick; Klugheit. Seite 142.

Gewohnheits-: fest etabliert oder sich wahrscheinlich nicht ändernd. Seite 134.

Giftschlange: ein beinloses Tier mit einem langen, dünnen, beweglichen Körper, der mit sich überlappenden Schuppen bedeckt ist, das beim Beißen oft Gift abgibt. Seite 53.

Glücklichsein: ein Zustand des Wohlbefindens, Vergnügens, der Zufriedenheit; freudige, frohe, ungestörte Existenz; die Reaktion darauf, dass einem Schönes widerfährt. (Aus der *Fußnote des Verfassers*.) Seite 7.

„Goldene Regel": Obwohl Christen sie als christliches Gedankengut betrachten, das im Neuen und Alten Testament zu finden ist, haben viele andere Rassen und Völker davon gesprochen. Sie erscheint auch in den

Lehren des Konfuzius (5. und 6. Jahrhundert v. Chr.), der wiederum ältere Werke zitierte. Sie findet sich auch bei „primitiven" Stämmen. In der einen oder anderen Form erscheint sie in den klassischen Werken von Plato, Aristoteles, Isokrates und Seneca. Seit Jahrtausenden wurde sie vom Menschen als eine Norm für ethisches Verhalten angesehen. Die Versionen, die in diesem Buch angegeben sind, wurden jedoch neu formuliert, da frühere Formulierungen als zu idealistisch angesehen wurden, um eingehalten werden zu können. Es ist möglich, die vorliegende Version einzuhalten. (Aus der *Fußnote des Verfassers*.) Seite 159.

göttlicher Auftrag: Ein *Auftrag* ist eine Anordnung, Weisung oder ein Befehl mit Autorität. Ein *göttlicher Auftrag* wäre eine Anweisung oder ein Befehl, die oder der von einem Gott kommt. Seite 168.

greifbar: wirklich oder tatsächlich, anstatt vorgestellt oder eingebildet. Wörtlich: in der Lage, angefasst zu werden. Seite 114.

Gremien, gesetzgebende: Gruppen von Leuten, die gewöhnlich gewählt werden und die Verantwortung und Autorität haben, für ein Land oder einen Staat Gesetze zu erlassen, zu verändern oder aufzuheben. Seite 57.

Grundstein: im wörtlichen Sinne, ein Stein, der im übertragenen Sinne die Basis von etwas bildet. Daher, ein grundlegend wichtiges Fundament, auf dem etwas aufgebaut oder entwickelt wird. Seite 151.

Günstigstimmen: die Handlung, zu versuchen, jemandem zu gefallen oder ihn zufriedenzustellen (wie zum Beispiel, indem man ein Angebot macht oder ein Opfer bringt), auf eine Weise, die darauf ausgerichtet ist, seine Gunst zu gewinnen, um sich selbst zu verteidigen oder vor seiner Missbilligung, seinem Angriff usw. zu schützen. Seite 118.

H

Haltung: die Kombination von Eigenschaften, welche die normale geistige Verfassung oder kennzeichnende Einstellung eines Menschen bilden. Seite 69.

Handlanger: treu ergebene Förderer oder Anhänger von Verbrechern oder korrupten politischen Führern. Seite 186.

hegen: als Empfindung, Vorhaben oder Ähnliches in sich tragen, bewahren; nähren. Seite 183.

Heiliger: 1. jemand, der im Leben besonders fromm war, dem nach dem Tod von einer christlichen Kirche ein bevorrechtigter Platz im Himmel zugesprochen wird und der Verehrung für würdig erklärt wird. Ebenso jemand, der ein besonders guter oder heiliger Mensch ist, oder jemand, der außerordentlich freundlich und geduldig mit schwierigen Leuten oder Situationen umgeht. Seite 160.
2. jemand, der sich einem Gott oder religiösen Ziel hingegeben hat; der nach einer strengen oder hohen Moral, einem religiösen oder spirituellen System lebt. Seite 167.

heraufbeschwören: den Weg für etwas ebnen oder etwas wahrscheinlich machen; die darunterliegende Basis oder den Hintergrund für etwas zur Verfügung stellen, damit es auftreten kann. Seite 144.

hereingelegt: durch falschen Schein getäuscht oder zum Narren gehalten; daran gehindert, die Wahrheit oder Tatsachen zu sehen, wie mit verbundenen geistigen Augen. Seite 170.

Heucheleien: falsches Auftreten oder Handeln, um zu täuschen; falsche Darstellung von Einstellung, Wissen usw. Seite 120.

Hitler: Adolf Hitler (1889–1945), deutscher politischer Führer des zwanzigsten Jahrhunderts, der davon träumte, eine Herrenrasse zu schaffen, die tausend Jahre lang als Drittes Deutsches Reich regieren würde. Nachdem er 1933 als Diktator gewaltsam die Herrschaft über Deutschland übernommen hatte, begann er den Zweiten Weltkrieg (1939–1945). Dabei brachte er einen Großteil Europas unter seine Herrschaft und ermordete Millionen von Juden und andere, die als „unwert" betrachtet wurden. Während seiner Herrschaft wurden von deutschen Offizieren mehrere erfolglose Versuche unternommen, ihn zu ermorden. Hitler beging 1945 Selbstmord, als die Niederlage Deutschlands kurz bevorstand. Seite 134.

hoch im Kurs stehen: in hohem Ansehen gehalten werden; bewundert, geachtet oder geschätzt werden. Seite 98.

hören, auf: aufmerksam sein; zuhören und in seine Überlegungen einbeziehen. Seite 8.

I

Inkompetenz: fehlendes entsprechendes Wissen, Fertigkeit oder Fähigkeit; Ungeübtheit; Unfähigkeit; Neigung, große Irrtümer oder Fehler zu begehen; Verpfuschen. (Aus der *Fußnote des Verfassers*.) Seite 117.

Inkompetenz, Müllhalde der: im übertragenen Sinne ein Ort, an dem Unfähigkeit, mangelndes Können oder Unwirksamkeit weggeworfen und aufbewahrt werden. *Müllhalde* ist ein Ort, auf dem Müll bzw. Abfall, unerwünschte oder wertlose Materialien oder Gegenstände entsorgt werden. Seite 126.

Interessengruppen, besondere: Gruppen von Leuten oder Organisationen, die danach streben, besondere Vorteile oder Behandlung zu erhalten, typischerweise durch das Überreden politischer Vertreter oder einflussreicher Personen, Gesetze zu ihrem Vorteil zu erlassen. Seite 64.

Isokrates: (436–338 V. CHR.) griechischer Schriftsteller, Erzieher und Anhänger Platos, bekannt für seine vielen großartigen Reden (formellen öffentlichen Reden oder Vorträge), die er in Aufsatzform veröffentlichte. Er gründete eine Schule, an der er junge Männer aus allen Teilen der Griechisch sprechenden Welt die Kunst des Schreibens von Abhandlungen und der öffentlichen Rede (Rhetorik) lehrte. Einige der größten Redner, Historiker, Streitgespräche führenden Redner und Schriftsteller gehörten zu seinen Schülern. Seite 159.

kaufen: Unterstützung oder Gehorsam gewinnen, wie in *„das Kind mit überwältigenden Mengen von Spielzeug und Besitzgegenständen zu ‚kaufen'"*. Seite 32.

kommen und gehen: ein wiederkehrendes oder rhythmisches Muster des Erscheinens und Verschwindens oder des Nachlassens und erneuten Voranschreitens, Auf und Abs usw. Seite 152.

kommerziell: mit Handel zu tun habend oder daran beteiligt, dem Kaufen und Verkaufen von Gütern und Dienstleistungen im Gegensatz zu Religion, Bildung, Wohltätigkeit usw. Seite 26.

kommunistisch: Bezieht sich auf eine Gesellschaftsform, in der es (theoretisch) kein Privateigentum und keine Klassen gibt (nach den Lehren von Karl Marx und Friedrich Engels). Seite 92.

kompetent: imstande, das, was man macht, gut zu machen; fähig; geschickt bei dem, was man tut; den Anforderungen an die eigenen Tätigkeiten gewachsen. (Aus der *Fußnote des Verfassers*.) Seite 117.

kompliziert: viele kleine Teile enthaltend, die geschickt erstellt oder zusammengefügt sind; sehr verwickelt. Seite 32.

Kompromiss: eine Beilegung von Meinungsverschiedenheiten, bei der jede Seite in irgendeinem Punkt nachgibt, während andere aufrechterhalten werden und dadurch ein gegenseitiges Einverständnis erreicht wird. (Aus der *Fußnote des Verfassers*.) Seite 40.

kultiviert: verbessert durch Erziehung; verfeinerten Geschmack, Sprache und Manieren aufweisend. Seite 167.

langwierig: ermüdend oder langweilig, weil es lange dauert, uninteressant ist oder sich wiederholt. Seite 168.

Leukipp: griechischer Philosoph (ca. 450–370 V. CHR.), der glaubte, dass alle Materie aus Atomen bestehe, dass alle beobachtbaren Eigenschaften eines Gegenstands aus dem Verhalten dieser Atome resultieren und dass dieses Verhalten von Atomen völlig vorherbestimmt sei. Seine Lehren wurden von seinem Schüler, dem griechischen Philosophen Demokrit, weiterentwickelt. Seite 152.

Lügen: falsche Aussagen oder Teile von Informationen, die vorsätzlich als wahr dargestellt werden; eine Falschheit; alles, was dazu bestimmt ist, zu täuschen oder einen falschen Eindruck zu vermitteln. (Aus der *Fußnote des Verfassers*.) Seite 50.

M

Macht: die Macht, Kraft, Autorität oder gemeinsamen Mittel, die von einer Gruppe oder einer Regierung besessen oder eingesetzt werden. Seite 60.

Maß: Ausmaß, Menge oder Umfang, wie in *„das eigene Überleben sowie das der Familie und Freunde (hängen) in nicht geringem Maße von der allgemeinen Kompetenz anderer Menschen ab"*. Seite 117.

Maßnahmen, wirksame: Verfahren, Gesetze, Handlungsweisen oder Pläne (um einen bestimmten Zweck zu erreichen), die kraftvoll und durchgreifend sind. Seite 72.

maßvoll: nicht in Extreme verfallend; etwas nicht übertreibend; das eigene Verlangen kontrollierend. (Aus der *Fußnote des Verfassers*.) Seite 19.

Materialismus: irgendeine aus einer Gruppe untereinander verwandter metaphysischer Theorien, bei denen das Universum als etwas betrachtet wird, das aus harten Gegenständen wie großen oder sehr kleinen Steinen besteht. Bei diesen Theorien wird versucht, so etwas wie den Verstand hinwegzuerklären, indem gesagt wird, er könne auf physikalische Dinge oder auf deren Bewegungen reduziert werden. Der Materialismus ist eine sehr alte Vorstellung. Es gibt auch andere Vorstellungen. (Aus der *Fußnote des Verfassers*.) Seite 152.

Materialisten: Leute, die an die Lehren des *Materialismus* glauben, nämlich irgendeine aus einer Gruppe untereinander verwandter metaphysischer Theorien, bei denen das Universum als etwas betrachtet wird, das aus harten Gegenständen wie großen oder sehr kleinen Steinen besteht. Bei diesen Theorien wird versucht, so etwas wie den Verstand hinwegzuerklären, indem gesagt wird, er könne auf physikalische Dinge oder auf deren Bewegungen reduziert werden. Der Materialismus ist eine sehr alte Vorstellung. Es gibt auch andere Vorstellungen. Seite 155.

materialistisch: die Meinung, dass es nur physikalische Materie gibt. (Aus der *Fußnote des Verfassers*.) Seite 30.

Mechanismen: die Mittel, durch die etwas (Geistiges oder Physikalisches) erreicht wird, ähnlich der Struktur oder des Systems von Teilen bei einem mechanischen Gerät für die Ausführung von Funktionen oder die Durchführung von etwas. Seite 104.

Mechanismus: die Ansicht, dass alles Leben nur in Bewegung befindliche Materie sei und durch physikalische Gesetze vollständig erklärt werden könne. Vorgebracht von Leukipp und Demokrit (460 V. CHR. bis 370 V. CHR.), die sie vielleicht aus der ägyptischen Mythologie übernommen haben. Vertreter dieser Philosophie waren der Ansicht, sie müssten Religion ausklammern, weil sie sie nicht auf Mathematik zurückführen konnten. Sie wurden von religiösen Interessen angegriffen und griffen ihrerseits Religionen an. Robert Boyle (1627–1691), der das Boyle-Mariotte-Gesetz in der Physik entwickelte, widerlegte sie, indem er die Frage erhob, ob die Natur Gestaltungen wie die in Bewegung befindliche Materie habe oder nicht. (Aus der *Fußnote des Verfassers*.) Seite 152.

Mechanisten: Leute, die an die Lehre des *Mechanismus* glauben, nämlich die Ansicht, dass alles Leben nur in Bewegung befindliche Materie sei und durch physikalische

Gesetze vollständig erklärt werden könne. *Siehe auch* **Mechanismus.** Seite 155.

medizinisch: von den oder sich beziehend auf die Eigenschaften einer Arznei; dazu bestimmt, das körperliche Wohlbefinden eines Menschen zu verbessern. Seite 20.

Meineid: das absichtliche Angeben von falschen, irreführenden oder unvollständigen Informationen unter Eid, wie zum Beispiel bei einem Gerichtsprozess. Seite 50.

metaphysisch: von oder sich beziehend auf *Metaphysik*, einen Zweig spekulativer Prüfung oder Untersuchung, dessen Vorstellungen oder Gedanken nicht durch logische Methoden nachprüfbar sind. *Spekulativ* bedeutet in Bezug auf eine Schlussfolgerung, eine Meinung oder Theorie, dass sie durch Vermutung oder unbegründete Theorie erreicht wurden. Der Begriff *metaphysisch* wurde zuerst auf Schriften des Aristoteles (384–322 V. CHR.) angewandt und bedeutet wörtlich „nach der Physik", da diese Schriften von seinen Herausgebern nach seinen Büchern über Natur, Zeit, Ort usw. eingeordnet wurden, die als die *Physik* bekannt sind. Seite 152.

Missbilligung: die Haltung, jemanden oder etwas nicht gutzuheißen und dies auch deutlich zum Ausdruck zu bringen. Seite 223.

Moral: die geistige und gefühlsmäßige Einstellung eines Einzelnen oder einer Gruppe; Sinn für Wohlergehen; Bereitschaft, sich an die Arbeit zu machen; ein Sinn für ein gemeinsames Ziel. (Aus der *Fußnote des Verfassers*.) Seite 77.

moralisch: fähig, richtiges und falsches Verhalten voneinander zu unterscheiden; auf der Grundlage dieses

Verstehens entscheidend und handelnd. (Aus der *Fußnote des Verfassers*.) Seite 30.

morden: das illegale Töten eines menschlichen Wesens (oder mehrerer) durch einen anderen, vor allem mit bösem Vorsatz (der Absicht vor der Tat). (Aus der *Fußnote des Verfassers*.) Seite 53.

Müllhalde der Inkompetenz: im übertragenen Sinne ein Ort, an dem Unfähigkeit, mangelndes Können oder Unwirksamkeit weggeworfen und aufbewahrt werden. *Müllhalde* ist ein Ort, an dem Müll bzw. Abfall, unerwünschte oder wertlose Materialien oder Gegenstände entsorgt werden. Seite 126.

Münzen: im übertragenen Sinne etwas, das im Austausch für etwas anderes gegeben oder angeboten wird; etwas, das als Wert akzeptiert wird. Von der wörtlichen Definition als Metallstücke (Gold, Silber, Kupfer usw.) von bestimmtem Wert, die als Geld verwendet werden. Seite 104.

Nachwort: ein kurzer Zusatz oder Schlussabschnitt am Ende eines literarischen Werkes. Seite 203.

Napoleon: Napoleon Bonaparte (1767–1821), französischer Militärführer, der in Frankreich durch Waffengewalt an die Macht kam, sich selbst zum Kaiser erklärte und Eroberungsfeldzüge durch ganz Europa unternahm, bis zu seiner letztlichen Niederlage 1821, als er an Gift starb, das ihm von einem seiner engen Verbündeten verabreicht worden war. Seite 186.

Nebelhorn: ein sehr lautes, tief tönendes Horn, das auf einem Schiff oder Dampfer als Warnung für andere Schiffe ausgelöst wird, wenn die Sicht durch Nebel verringert ist. Seite 146.

nicht im Weg sein: nicht mehr ständig (und auf lästige Weise) gegenwärtig und behindernd oder für jemandes Fortschritt hinderlich sein. Seite 132.

Note: ein Zeichen oder eine Bewertung bei Prüfungen und Schulkursen, welche die relative Qualität der Arbeit eines Schülers in der Schule anzeigt. Seite 166.

offen: nicht versteckt oder geheim; sodass man es sehen kann. Seite 184.

Offiziere: Mitglieder der Streitkräfte, die sich gegenüber Soldaten in einer Autoritätsposition befinden und über ein *Offizierspatent* verfügen, nämlich ein Dokument, das Offizieren beim Militär Autorität gewährt und in Amerika vom Präsidenten der Vereinigten Staaten herausgegeben wird. Seite 86.

öffnen, die Tür: eine Gelegenheit schaffen; die Mittel bieten, um etwas zu erhalten oder zu erreichen. Seite 162.

Opinionleader: die Personen in einer Gruppe, denen andere zuhören, deren Meinung sie akzeptieren, denen sie vertrauen und auf die sie sich verlassen. Seite 67.

Papageien: Leute, die lediglich die Wörter eines anderen wiederholen oder seine Handlungen nachahmen, besonders, ohne sie zu verstehen. Ein *Papagei* ist der tropische Vogel, der die Fähigkeit hat, menschliche Sprache oder sonstige Laute nachzuahmen. Seite 132.

pflegen: unterstützen und fördern, wie zum Beispiel während einer Zeit der Ausbildung oder Entwicklung. Seite 132.

Phänomen: eine beobachtbare Tatsache oder ein Geschehnis. (Aus der *Fußnote des Verfassers*.) Seite 184.

Physik: die Wissenschaft, die mit Materie, Energie, Bewegung und Kraft zu tun hat, auch was diese sind, warum sie sich so verhalten und die Beziehung zwischen ihnen, im Gegensatz zu den Lebenswissenschaften, wie zum Beispiel der Biologie, bei der lebendige Organismen, wie zum Beispiel Tiere und Pflanzen, studiert und beobachtet werden. Seite 152.

Plato: (427–347 v. Chr.) griechischer Philosoph, der für seine Werke über Recht, Mathematik, technische philosophische Probleme und die Naturwissenschaften bekannt ist. Ungefähr 387 v. Chr. gründete Plato bei Athen die einflussreichste Schule der Antike, die Akademie, in der er bis zu seinem Tod lehrte. Sein berühmtester Schüler war Aristoteles. Seite 159.

politisch: Bezieht sich auf *Politik,* die Wissenschaft oder Praktik des Regierens; das Regulieren und Regieren einer Nation oder eines Staates, damit Sicherheit, Friede und Wohlstand gesichert sind. *Regierung* ist diejenige Kontrollinstanz einer Nation, eines Staates oder Volkes, die ihre Richtlinien, Handlungen und Tätigkeiten ausführt. Seite 60.

Priester: ausgebildete Personen, welche die Autorität haben, religiöse Aufgaben und Zeremonien in bestimmten Kirchen durchzuführen. Der Ausdruck *„Priester aus früheren Zeiten"* bezieht sich auf solche Personen in der Vergangenheit, die fest davon überzeugt waren, dass nur sie die Wahrheit über die Welt und die Religion kannten, und ihren Glauben anderen aufzwangen. Seite 155.

Privatwirtschaft: der Teil der Wirtschaft eines Landes, der aus Firmen und Organisationen zusammengesetzt ist, die der Regierung weder gehören noch durch sie kontrolliert werden. Seite 69.

Produktion: die Handlung, etwas fertigzustellen; das Beenden von Aufgaben, Projekten oder Gegenständen, die brauchbar oder wertvoll sind oder einfach des Tuns oder Habens wert sind. (Aus der *Fußnote des Verfassers*.) Seite 112.

Promiskuität: flüchtige, wahllose sexuelle Beziehungen. (Aus der *Fußnote des Verfassers*.) Seite 23.

Propaganda-: Wird in Wortzusammensetzungen verwendet, um Verbreitung von Gedanken, Informationen oder Gerüchten zum Vorteil der eigenen und/oder zum Nachteil einer fremden Sache, oft ohne Rücksicht auf die Wahrheit, auszudrücken; die Handlung, Lügen in Zeitungen, Radio oder Fernsehen zu bringen, sodass der Betroffene, wenn er sich vor Gericht zu verantworten hat, schuldig gesprochen wird; die Handlung, jemandes Ruf durch falsche Behauptungen zu schädigen, sodass ihm niemand mehr glaubt. (Ein Propagandist ist eine Person oder Gruppe, die Propaganda durchführt, hervorbringt oder praktiziert.) (Aus der *Fußnote des Verfassers*.) Seite 58.

Propagandist: *Siehe* **Propaganda-**.

Rätsel aufgeben: jemanden vor ein Problem stellen. Seite 91.

raubt jemandem schier den Verstand: macht jemandem äußerst große Angst. Seite 190.

Raumsonden: unbemannte Raumfahrzeuge, die dazu bestimmt sind, den Weltraum zu erforschen und Daten zurück zur Erde zu übermitteln. Seite 82.

Rechtfertigungen: Versuche, Verhaltensweisen zu erklären, die normalerweise als unvernünftig oder unannehmbar betrachtet werden, indem man scheinbar vernünftige oder verständliche Erklärungen vorbringt. Seite 104.

Regeln: Richtlinien oder Aussagen, die ein Prinzip oder Prinzipien oder eine Handlungsrichtung für das Verhalten anraten bzw. festlegen; Anleitungen, die als Richtlinie bzw. Richtlinien für das Verhalten gedacht sind. (Aus der *Fußnote des Verfassers.*) Seite 34.

reifen: in einen Zustand vollständiger oder maximaler Entwicklung kommen (oder sich dahin verbessern). Seite 30.

rein: absolut oder vollkommen (zur Betonung verwendet). Seite 124.

reißen, an sich: (z. B. die Macht oder Rechte eines anderen) mit Gewalt und auf ungerechte oder illegale Weise ergreifen und behalten. Seite 63.

Revolutionen: Umstürze einer Regierung, Regierungsform oder eines Gesellschaftssystems durch diejenigen, die regiert werden; gewöhnlich geschieht das durch gewaltsame Mittel, wobei eine andere Regierung oder ein anderes System den Platz der/des vorhergehenden einnimmt. Seite 134.

Richtlinien: leitende Prinzipien, Pläne oder Handlungsweisen. Seite 88.

rituelle Tänze: eine festgelegte, angeordnete und zeremonielle Art und Weise, Tänze durchzuführen, die oft von primitiven Gesellschaften im Rahmen religiöser Bräuche durchgeführt wird, wie bei „*rituelle Tänze vor der Jagd*". *Rituell* bedeutet die Durchführung von Handlungen oder Verfahren (wie zum Beispiel bei formalen Bräuchen, Glauben usw.) auf eine sehr festgelegte und geordnete Art und Weise. Seite 118.

roh: durch Mangel an Kultur, Vornehmheit usw. gekennzeichnet; beleidigend oder grob. Seite 186.

Rüpel: jemand mit rohen, taktlosen Manieren, der ziemlich unkultiviert ist. (Aus der *Fußnote des Verfassers*.) Seite 186.

Säuglingsalter: der Zeitraum, wenn jemand ein Baby ist, besonders bevor er laufen kann. Seite 36.

schamlosesten: am schockierendsten ins Auge fallend oder bemerkbar; höchst offensichtlich. Seite 120.

Schandfleck: etwas, das unerfreulich oder so hässlich anzusehen ist, dass es Ärgernis erregt. Seite 76.

schelten: jemanden stark kritisieren. Seite 138.

Schicksal: 1. der anscheinend vorausbestimmte Verlauf von Ereignissen, der als jenseits menschlicher Macht oder Kontrolle betrachtet wird. Seite 118.
2. Los im Leben; Geschick, wie in „*Oh, ja, es ist wahr, solche Leute können wild werden und noch härter angreifen, wenn sie sehen, dass man sein Schicksal zum Besseren wendet*". Seite 198.

schier den Verstand, raubt: macht jemandem äußerst große Angst. Seite 190.

schlichten: einen Konflikt lösen oder beenden; eine Auseinandersetzung oder einen Streit lösen oder beilegen. Seite 40.

schließen lassen, auf: unterstützen, bekräftigen oder bestätigen; beweisen. Seite 144.

Schnellstraße: eine direkte oder sichere Route oder ein Verlauf; der sicherste Weg. Seite 114.

schützen: verhindern, dass etwas beschädigt wird; beschützen. (Aus der *Fußnote des Verfassers*.) Seite 75.

Schwächen: Mängel oder Versagen darin, eine bestimmte Norm zu erreichen, die im Charakter oder Verhalten eines Menschen typisch sind. Seite 174.

Schwefelsäure: eine stark ätzende, ölige Flüssigkeit, die in Batterien und bei der Herstellung vieler Produkte, wie zum Beispiel Sprengstoffen, Reinigungsmitteln, Farbstoffen und Chemikalien, verwendet wird. Beim Verbrennen von Kohle (wie es in vielen Produktionsanlagen geschieht) entstehen Schwefeldämpfe in der Luft, durch die Regen in sauren Regen verwandelt wird und Schaden an Pflanzen und Fischen, Rost bei Metallen sowie Verfall von Gestein und anderen Baumaterialien verursacht wird. Seite 82.

schwelgen in: großes Vergnügen, Freude oder Befriedigung durch etwas erleben. Seite 134.

Schwelle: Punkt, an dem etwas beginnt, wie in *„vom Säuglingsalter bis an die Schwelle des Erwachsenseins"*. Seite 36.

Selbstvertrauen: die Eigenschaft, sich auf die eigenen Bemühungen, Fähigkeiten, Mittel oder die eigene Beurteilung zu verlassen. Seite 33.

Seneca: (4 v. Chr. – 65 n. Chr.) römischer Philosoph, Bühnenautor und Staatsmann, der einer der berühmtesten Schriftsteller der lateinischen Literatur war. Er schrieb zahllose philosophische Aufsätze und Theaterstücke, wobei er Morallektionen formulierte sowie Luxus und Unmoral angriff. Seite 159.

skrupellos: sich nicht aufgrund moralischer oder ethischer Prinzipien zurückhaltend. Seite 63.

Sozialwohnungen: Unterbringung für diejenigen, die ein geringes Einkommen haben; oft speziell für diesen Personenkreis entwickelt und gebaut, der finanzielle Unterstützung von der Ortsverwaltung oder Bundesregierung bekommt. Seite 80.

sprechen, für jemanden: Lob, Anerkennung oder Bestätigung wert sein. Seite 103.

sprichwörtlich: sehr bekannt, besonders über längere Zeit hinweg, ähnlich einer Legende, einer alten, bekannten Geschichte. Seite 111.

Staat: die Regierung eines Landes. Seite 58.

Staatsbürgerkunde: das Studium der Grundsätze und Struktur von Regierung (in ihrer Beziehung zu Bürgern). Seite 66.

Stand, auf dem neuesten: informiert und auf dem Laufenden über etwas, das ständigem Wechsel oder Fortschritt unterliegt, wie in *„Der kompetente Ingenieur hält sich stets auf dem neuesten Stand der Technik"*. Seite 128.

steigern: Qualität oder Ausmaß von etwas verstärken, vergrößern oder weiter verbessern. Seite 3.

stempeln gehen: eine umgangssprachliche Bezeichnung für den Bezug von Arbeitslosengeld von der Regierung. (Aus der *Fußnote des Verfassers*.) Seite 111.

Stimmung, gedrückte: die Qualität oder das Merkmal, dazu zu neigen, auf hoffnungslose, niedergeschlagene oder entmutigte Art zu denken oder sich zu verhalten. Seite 111.

Streit: ein Zustand wütender Meinungsverschiedenheit und Nichtübereinstimmung zwischen Leuten. Seite 152.

Streitigkeiten: Auseinandersetzungen, Konflikte oder schwere Meinungsverschiedenheiten. Seite 156.

Strich und Faden, nach: aus allen Richtungen; von jeder Seite. Seite 186.

Stuntman: derjenige, der Schauspieler in Szenen mit körperlichem Risiko vertritt. Seite 140.

systematisch zusammenstellen: anordnen und einstufen, besonders Gesetze, in ein organisiertes, verständliches System. Seite 60.

Tadel: ein Ausdruck starker Missbilligung oder scharfer Kritik. Seite 174.

Tätigkeiten: Unternehmungen, Berufe oder Beschäftigungen, bei denen die Anwendung von künstlerischen Fertigkeiten und Ausbildung, Erfahrung oder spezialisiertes Wissen erforderlich sind. Seite 118.

Täuschung: eine fixe falsche Vorstellung; eine Wahrnehmung, die anders wahrgenommen wird, als sie in Wirklichkeit ist. Seite 19.

Tiefpunkt: schlechter Zustand. Seite 162.

tragen, Früchte: das Ergebnis oder die Wirkung bringen, das oder die beabsichtigt oder gewünscht war. *Tragen* bedeutet hervorbringen oder produzieren, wie durch natürliches Wachstum, und *Früchte* bedeutet das, was produziert wird, ein Ergebnis, eine Wirkung oder Folge. Seite 140.

triefen: sehr nass sein; so nass, dass Flüssigkeit durch Drehen oder Pressen (auswringen) austreten kann. Seite 76.

Trost: etwas, wodurch man aufgemuntert wird oder Kummer oder Elend gelindert werden. Seite 155.

trotz: ohne Rücksicht auf; ohne durch den erwähnten bestimmten Faktor beeinflusst zu sein. Seite 41.

tückisch: gekennzeichnet durch unvorhergesehene Gefahren; gefährlich oder trügerisch. Seite 130.

Tugenden: die idealen Eigenschaften guten menschlichen Benehmens. (Aus der *Fußnote des Verfassers*.) Seite 167.

Tür, öffnen die: eine Gelegenheit schaffen; die Mittel bieten, um etwas zu erhalten oder zu erreichen. Seite 162.

Tyrannei: die Verwendung von grausamer, ungerechter und unumschränkter Macht; Einsatz vernichtender, unterdrückerischer, harter, strenger Mittel. (Aus der *Fußnote des Verfassers*.) Seite 60.

Tyrannei der Aristokratie: Bezieht sich auf das Europa des 16., 17. und 18. Jahrhunderts, als Länder von Königen regiert wurden, die die vollständige Macht innehatten. Unter den Königen befanden sich die Aristokraten, die in großen Wohlstand hineingeboren wurden und weit mehr Rechte und Privilegien innehatten als die übrige Bevölkerung. Es war dieser Hintergrund, vor dem Ende des 18. und Anfang des 19. Jahrhunderts Revolutionen in den Vereinigten Staaten (gegen die Herrschaft Großbritanniens), Frankreich (gegen die Herrschaft des französischen Königs und der Aristokraten) und in Südamerika (gegen die Herrschaft Spaniens) stattfanden. Seite 60.

U

üben: wiederholt ausüben oder durchführen, um eine Fertigkeit zu erwerben oder zu verfeinern. (Aus der *Fußnote des Verfassers*.) Seite 140.

übergreifen: über eine Grenze reichen. Seite 78.

überhandnehmen: weit verbreitet sein im Vorhandensein oder Auftreten von etwas; verbreitet oder häufig auftreten, existieren, angenommen oder ausgeübt werden. Seite 26.

Überleben: die Aktion, am Leben zu bleiben, weiterhin zu existieren, am Leben zu sein. (Aus der *Fußnote des Verfassers*.) Seite 5.

übernehmen: Leitung, Kontrolle oder Verantwortung für etwas annehmen, wie in *„vorbereitet werden, die Welt von morgen zu übernehmen"*. Seite 132.

überschattet: verdüstert wie durch Schatten; dunkel oder düster; beeinträchtigt. Seite 67.

Umwelt: die eigene Umgebung; die materiellen Dinge um einen herum; der Bereich, in dem man lebt; alles Lebende, Gegenstände, Räume und Kräfte, mit denen man lebt, ob sie sich nun in der Nähe oder weit weg befinden. (Aus der *Fußnote des Verfassers*.) Seite 29.

unbeschriebenes Blatt: etwas Neues, Frisches, das nicht gekennzeichnet oder durch nichts beeinflusst ist. Ein *unbeschriebenes Blatt* ist daher eines ohne jede Schrift oder Kennzeichnung darauf, das bereit ist, beschrieben zu werden. Seite 32.

unerbittlich: hart; nicht nachgebend; unbeugsam; etwas, das nicht erschüttert wird; hartnäckig; jede andere Meinung ablehnend; nicht aufgebend. (Aus der *Fußnote des Verfassers*.) Seite 59.

unerwartet: nicht vorhergesehen; nicht erwartet; überraschend. Seite 106.

ungelenk: unbeholfen, ungeschickt (besonders in den Bewegungen), davon zeugend, dass jemand wenig Übung in etwas hat. Seite 104.

ungepflegt: ein unsauberes oder unordentliches Erscheinungsbild aufweisend; nicht gepflegt oder vernachlässigt. Seite 76.

Unheil: große Verwirrung, Unordnung oder Chaos; Zerstörung. Seite 124.

unmoralisch: nicht moralisch; nicht im Einklang mit gutem Verhalten; nicht das Rechte tuend; ohne jede Vorstellung von richtigem Verhalten. (Aus der *Fußnote des Verfassers*.) Seite 7.

unpassend: zu einer schlechten Zeit stattfindend oder durchgeführt. Seite 64.

unterdrücken: durch Selbstkontrolle oder Zurückhaltung (von Wünschen, Gefühlen, Handlungen usw.) unten halten; am Ausdrücken hindern. Seite 34.

Unterstützung: Güter oder Gelder, wie sie von einer Regierungsbehörde an Leute ausgegeben werden, weil sie in Not oder arm sind. (Aus der *Fußnote des Verfassers*.) Seite 111.

unversöhnlich: nicht zugänglich dafür, beruhigt, besänftigt oder zufriedengestellt zu werden; unbarmherzig; gnadenlos. (Aus der *Fußnote des Verfassers*.) Seite 59.

Vandalismus: die absichtliche und böswillige Zerstörung von öffentlichem oder privatem Eigentum, insbesondere von etwas, das schön oder kunstvoll ist. (Aus der *Fußnote des Verfassers*.) Seite 78.

Verdrießlichkeit: jämmerliches Handeln, Aussehen oder Gefühl, trauriger und hoffnungsloser Zustand. Seite 111.

verfolgen, seine eigenen Ziele: seine eigenen Absichten oder Wünsche fördern oder voranbringen (und zwar unter Ausschluss von anderen). *Ziele* bedeutet etwas, das ein Einzelner oder eine Gruppe anstrebt oder erreichen möchte. *Verfolgen* bedeutet, die Interessen von jemandem unterstützen oder fördern. Seite 44.

Verkörperung: ein Symbol oder ein perfektes Beispiel (irgendeiner Idee, Sache usw.). Seite 136.

verlockt: verführt, angezogen oder überredet (etwas zu tun oder irgendwohin zu gehen) mit der Aussicht auf Vergnügen. Seite 112.

Verpflichtung: 1. der Zustand oder die Tatsache, dass man einem anderen als Gegenleistung für erhaltene Dinge, Gefälligkeiten oder Dienste etwas schuldet. (Aus der *Fußnote des Verfassers*.) Seite 34.

2. Zustand oder Tatsache, dass man einem anderen als Gegenleistung für einen erhaltenen Dienst oder Gefälligkeiten etwas schuldet; eine Pflicht, ein Vertrag, ein Versprechen oder irgendeine sonstige gesellschaftliche, moralische oder rechtliche Forderung, durch die man daran gebunden ist, bestimmte Handlungsweisen zu befolgen oder zu vermeiden; das Gefühl, einem anderen etwas zu schulden. (Aus der *Fußnote des Verfassers*.) Seite 103.

verpfuschen: unachtsame oder ungeschickte Handlungen durchführen oder Fehler machen. Seite 117.

Verstand, raubt schier den: macht jemandem äußerst große Angst. Seite 190.

Verstecke: Orte, an denen jemand außer Sicht bleiben oder verschwinden kann, besonders jemand, der polizeilich gesucht wird usw. Seite 92.

verunstaltet: den Anschein erweckend, beschädigt zu sein; verdorben oder zerstört. Seite 77.

Verworrenheit: ein verwirrter oder durcheinandergebrachter geistiger Zustand. Seite 122.

Vorhang der Angst: ein *Vorhang* ist etwas, das verbirgt, maskiert oder klare Wahrnehmung, Verstehen oder Kommunikation verhindert. Daher ist ein *Vorhang der Angst* ein Hindernis, durch das man Angst bekommt, jemanden oder etwas direkt oder genau anzusehen oder zu verstehen. Seite 120.

Vornehmheit: Feinheit des Gefühls, des Geschmacks, der Manieren, Sprache usw. Seite 235.

vorsätzlich und aus niedrigen Beweggründen: rechtlich, die Absicht, eine unrechtmäßige Handlung (wie zum Beispiel Mord) zu begehen, ohne angemessenen Grund oder Entschuldigung, und die beschlossen wurde, bevor sie ausgeführt wurde. Seite 54.

Vorsichtsmaßnahmen: Handlungen, die im Voraus unternommen werden, um etwas Gefährliches, Unangenehmes, Lästiges usw. zu verhindern. Seite 13.

W

Wahrheit: das, was mit den Tatsachen und Beobachtungen übereinstimmt; logische Antworten, die sich daraus ergeben, dass man sich alle Tatsachen und Informationen ansieht; eine Schlussfolgerung, die auf Beweisen beruht, unbeeinflusst durch Verlangen, Autorität oder Vorurteil; eine unumgängliche (unvermeidliche) Tatsache, ganz gleich, wie man an sie gelangt ist. (Aus der *Fußnote des Verfassers*.) Seite 47.

Weg geebnet, den: Barrieren, Hindernisse oder Schwierigkeiten aus der Bahn oder dem Weg geräumt. Seite 67.

weggenommen: aus jemandes Besitz entfernt, wie in „*ihnen von Geschwistern oder Eltern wieder weggenommen*". Seite 78.

Weg, nicht im, sein: nicht mehr ständig (und auf lästige Weise) gegenwärtig und behindernd oder für jemandes Fortschritt hinderlich sein. Seite 132.

Welt, es in der Welt zu etwas bringen: wichtiger, erfolgreicher oder wohlhabender in der Gesellschaft werden. Seite 196.

Wendungen: Veränderungen oder Entwicklungen in einer bestimmten Richtung. Seite 144.

wirksame Maßnahmen: Verfahren, Gesetze, Handlungsweisen oder Pläne (um einen bestimmten Zweck zu erreichen), die kraftvoll und durchgreifend sind. Seite 72.

wirkungslos: erfolglos oder ohne Wirkung; nutzlos; kein Ergebnis hervorbringend. Seite 118.

Wirtschaft: Welt oder Bereich von Geschäft und Handel, wo Kauf und Verkauf von Gütern oder Dienstleistungen stattfinden. Seite 117.

wirtschaftlich: mit der *Wirtschaft* zu tun habend oder sich darauf beziehend, nämlich die soziale Wissenschaft, bei der Produktion, Verteilung und Verbrauch (Benutzung) von Waren (Dingen) studiert werden. Das Wort bedeutete ursprünglich die Wissenschaft oder Kunst, ein Haus oder einen Haushalt zu führen. Seite 88.

wohlwollend: 1. dazu neigend, günstig in Wesen oder Einfluss oder produktiv in Bezug auf ein vielversprechendes Ergebnis zu sein. Seite 67.
2. Freundlichkeit oder Goodwill zeigend, mit dem Wunsch, anderen zu helfen; großzügig. Seite 176.

Zeitalter: ein bestimmter Zeitabschnitt, der durch besondere Umstände, auffällige Merkmale, Ereignisse, Personen usw. gekennzeichnet ist. Seite 54.

zerbrochen: zerstört, beschädigt oder schwer verletzt, wie durch Brechen. Seite 206.

zermahlenes Glas (in der Suppe): Bezieht sich auf die Praktik, Mord zu begehen, indem man Glas so fein zermahlt, dass es unbemerkt bleibt, wenn es dem Opfer ins Essen gegeben wird und im Verdauungssystem des Opfers bei der Nahrungsaufnahme irreparablen Schaden anrichtet. Seite 24.

Zeugnis, falsches Zeugnis ablegen: lügen oder etwas Falsches aussagen, während man unter Eid oder vor Gericht steht; falsch darlegen. Seite 50.

Ziele: die Zwecke, Absichten oder Zielsetzungen, die ein Einzelner oder eine Gruppe erreichen möchte. Seite 44.

Ziele, seine eigenen verfolgen: seine eigenen Absichten oder Wünsche fördern oder voranbringen (und zwar unter Ausschluss von anderen). *Ziele* bedeutet etwas, das ein Einzelner oder eine Gruppe anstrebt oder erreichen möchte. *Verfolgen* bedeutet, die Interessen von jemandem unterstützen oder fördern. Seite 44.

zivilisiert: durch Bildung und Erziehung erworbene verfeinerte Lebensart aufweisend. Seite 24.

zugrunde gehen: in dem Ausmaß verstimmt oder nervös werden, dass man nicht so leben, arbeiten oder sich verhalten kann, wie man es sollte; zerstört oder vernichtet werden. Seite 86.

zunichte machen: respektlos oder ohne Rücksicht behandeln; eine niedrige Meinung von etwas haben; niedrig einschätzen. Seite 195.

Zwangsmaßnahmen: Handlungen, durch die Zwang ausgeübt wird, etwas zu tun oder nicht zu tun, entstanden aus Druck, Kraft oder Drohungen. Seite 134.

Zwecken dienen, ihren eigenen: ihre eigenen beabsichtigten oder erwünschten Ergebnisse fördern oder voranbringen, ohne auf andere Rücksicht zu nehmen. *Zwecke*

bedeutet die Ziele, auf die man hinarbeitet oder die man erreichen möchte. *Dienen* bedeutet, die Interessen von jemandem zu unterstützen oder sie zu fördern. Seite 124.

zwischenmenschlich: zu den Beziehungen zwischen Personen gehörend oder damit zu tun habend. Seite 50.

Sie müssen nichts weiter tun, als Der Weg zum Glücklichsein in der Gesellschaft beständig zirkulieren zu lassen. Wie sanftes Öl, das über die tobende See gegossen wird, wird die Ruhe immer weiter hinausfließen.

Das Verhalten und die Handlungen anderer beeinflussen Ihr eigenes Überleben.

Der Weg zum Glücklichsein beinhaltet, dass Sie Ihren Bekannten und Freunden helfen.

Beginnen Sie mit engen Freunden und Bekannten, die Ihr Überleben beeinflussen. Geben Sie ihnen *Der Weg zum Glücklichsein* und mehrere zusätzliche Exemplare – damit auch sie die Ruhe in immer weiterem Umkreis verbreiten können.

Dieses Buch ist auch im Taschenformat als 12er-Packung erhältlich.

Besondere Beitragsnachlässe gibt es für Schulen, Bürgerinitiativen, Organisationen der Regierung und des Geschäftslebens ebenso wie andere Programme, die es Einzelpersonen und Gruppen ermöglichen, dieses Buch wieder zu veröffentlichen, um es auf breiter Basis in Umlauf zu bringen.

Um weitere Informationen zu erhalten, kontaktieren Sie The Way to Happiness Foundation:

www.thewaytohappiness.org